मेरा जापान

एक भारतीय के अनुभव

मेरा जापान

एक भारतीय के अनुभव

वेदप्रकाश सिंह

वाणी प्रकाशन

प्रकाशन के उत्कृष्टतम 62 वर्ष

vaniprakashan.com

सजिल्द पहला संस्करण : 2025

वाणी प्रकाशन

4695, 21-ए, दरियागंज, नयी दिल्ली-110 002

फ़ोन : + 91 11 23273167, 23275710

शाखाएँ

अशोक राजपथ, पटना-800 004, बिहार

कॉफ़ी हाउस कैम्पस, महात्मा गांधी मार्ग, प्रयागराज-211 001, उत्तर प्रदेश

महात्मा गांधी अन्तरराष्ट्रीय हिन्दी विश्वविद्यालय, वर्धा-442 001, महाराष्ट्र

sales@vaniprakashan.in
vaniprakashan@gmail.com

Mera Japan
by Vedprakash Singh

ISBN : 978-93-6944-826-5

Essay

मूल्य : ₹ 495

सिटि प्रेस, दिल्ली-110 095 में मुद्रित

वाणी प्रकाशन का लोगो मक़बूल फ़िदा हुसैन की कूची से

विषय सूची

जापान से मेरी पहली मुलाकात

तीस मार्च सन् 2017 को जापान पहुँचा। दिल्ली के इंदिरा गाँधी अन्तरराष्ट्रीय हवाई अड्डे से उनतीस मार्च 2017 की शाम एयर इंडिया के हवाई जहाज से अन्त:सत्वा पत्नी को दिल्ली में अकेला छोड़कर विदा हुआ। यह कितना कठोर क़दम था। यह बताया नहीं जा सकता। भारत के सबसे प्रदूषित शहरों में से एक दिल्ली है। शायद सबसे अव्यवस्थित भी। ऐसे शहर से सीधे दुनिया के सबसे साफ़ देशों में से एक जापान जैसे साफ-सुन्दर और व्यवस्थित देश में आ गया। हवाई अड्डे से बाहर ओसाका विश्वविद्यालय में हिन्दी विभाग के अध्यक्ष, प्रोफेसर अकिरा ताकाहाशी जी मिले। उन्होंने ईमेल भेजकर अपने आने की सूचना दे दी थी। साथ ही अपनी एक तस्वीर भी भेजी थी कि मैं ऐसा दिखता हूँ। पहचान के लिए मेरी भी एक तस्वीर माँगी थी। जैसे ही हवाई अड्डे के स्वचालित दरवाजे से बाहर आया उन्होंने ही मुझे तस्वीर के आधार पर पहचान लिया। मेरे हाथ में दो बैग थे। एक बैग पीठ पर था। हाथ से एक बैग साधिकार ले कर मार्गदर्शन करने लगे। साथ ही यात्रा के बारे में बातचीत भी होने लगी। मैं उनके सवालों के जवाब के साथ जापान की सुन्दरता देख कर हैरान और अभिभूत था। इतनी सफाई और चमक, इतनी व्यवस्था और शान्ति हर ओर दिखी जैसे मैं किसी दूसरे लोक में आ गया था। अपने देश और परिवार की याद इस चकाचौंध के बीच आती-जाती रही।

ताकाहाशी जी ने पूछा–"यात्रा कैसी रही?" मैंने कहा "बहुत अच्छी।" मैं जीवन में पहली बार हवाई जहाज़ में बैठा था। इसलिए सब कुछ जादू सा लग रहा था। पत्नी को अकेले छोड़कर आने का दु:ख इस जादू को कम करने की कोशिश बार-बार करता था। हवाई अड्डे से आगे चलकर अब हम लोग एक ट्रेन स्टेशन में दाखिल हुए। कुछ-कुछ दिल्ली की मेट्रो ट्रेन की तरह लेकिन रूप-रंग में बिलकुल अनोखी ट्रेन में हम लोग बैठे। सब कुछ बहुत जल्दी-जल्दी घटित हो रहा था। एक ट्रेन के बाद दूसरी में बैठे। सामान कभी सीट के ऊपर बने स्थान पर और कभी हाथ

में ही पकड़े हुए थे। ट्रेन की सफाई ने भी चमत्कृत किया। गन्दगी का नाम और निशान भी नहीं दिख रहा था। ट्रेन का फर्श इतना साफ जैसे अभी इस पर पोलिश की गयी हो। ट्रेनें इतनी नयी जैसे आज ही बनकर आयी हों। हर जगह सुन्दरता, सफाई और शान्ति। हर जगह व्यवस्था। हड़बड़ी का भी कोई संकेत नहीं मिल रहा था। यात्रा की थकान के कारण वे शायद मुझे आराम देने के लिए कम बोल रहे थे। मुझे घर जाकर अपने पहुँचने की सूचना देने और सोने की तेज इच्छा महसूस हो रही थी। मैं कुछ गुमसुम, कुछ दुखी, कुछ आश्चर्यचकित-रोमांचित सा इस जादुई लोक को देख और समझने की कोशिश कर रहा था।

फिल्मों में ही अभी तक मैंने विदेश का दृश्य मात्र देखा था। पहली बार उसे महसूस कर रहा था। उसे छू रहा था। उसे आँखों से अपने भीतर भर रहा था। हर साँस में साफ हवा और जापान की सुन्दरता शरीर-मन में जा रही थी। बीच-बीच में ताकाहाशी जी कुछ-कुछ बताते जा रहे थे। अब याद नहीं कि उन्होंने क्या-क्या बताया। वे गम्भीर और हंसमुख दोनों ही लग रहे थे। बेवजह न बोलने वाले और न ही चुप्पा। मैं जो भी दृश्य देखता कभी-कभी उसकी तारीफ कर रहा था। वे चुपचाप सुन रहे थे। जब कुछ पूछता तभी कुछ बोलते।

एक-दो घंटे की ट्रेन-यात्रा के बाद स्टेशन से निकलकर हम लोग बाहर आये। बाहर एक टैक्सी हमारे सामने खड़ी थी। जैसे ही हम लोग पास में पहुँचे उसका दरवाजा अपने आप खुल गया। यह दृश्य भी मेरे लिए बिलकुल नया और रोमांचक था। साफ-सुथरी पोशाक पहने और टोपी लगाए एक ड्राईवर टैक्सी से बाहर आया। मुझे लगा यह ताकाहाशी जी का ड्राईवर है। मैं अपनी बातचीत में ताकाहाशी जी को सर कह रहा था। तब तो नहीं लेकिन कुछ दिनों बाद उन्होंने कहा कि यहाँ 'सर' नहीं शिक्षकों के लिए आदरणीय शब्द 'सेन्से' का प्रयोग किया जाता है। सर से मिलता-जुलता जापानी शब्द 'सारु' या 'सरु' बन्दर के लिए इस्तेमाल होता है। बन्दर और केकड़े की प्रसिद्ध लोककथा बाद में पढ़ी। जिसका शीर्षक था–सारु कानी। सारु मतलब बन्दर और कानी मतलब केकड़ा। खैर टैक्सी का अपने आप खुलना भी मेरे लिए मजेदार और आश्चर्यजनक था। ड्राईवर महाशय ने बड़े-बड़े दोनों बैगों को डिग्गी में रखा। अब जापान की सुन्दर सड़कें और गाड़ियों को देख-देखकर चमत्कृत हो ही रहा था कि तुरन्त ही हमारा गंतव्य आ गया। यह अब जापान में मेरा नया ठिकाना होने वाला है। टैक्सी रुकते ही योगी जी (डॉ. चैतन्य प्रकाश योगी जी) हमें लेने आ गये। हाथ जोड़कर उन्होंने और हमने नमस्कार किया है।

वे हमें चौथे मंज़िल पर भारत से आने वाले अतिथि अध्यापकों के लिए बने अपने घर में ले आये। इस घर में पिछले पाँच वर्ष से योगी जी रह रहे थे। कभी इसी घर में लक्ष्मीधर मालवीय जी भी रहा करते थे। इसी घर में डॉ. हरजेन्द्र चौधरी सर रह कर भारत लौटे। इसी में अनेक भारतीय अध्यापक रहे हैं। चौथी मंज़िल पर बने घर के बाहर एक सौ बयालीस और हिन्दी में योगी जी ने नये अध्यापक का नाम लिख दिया था। अपना नाम पढ़कर ख़ुशी हुई। घर के अन्दर दरवाजे पर ही जूते उतारकर हम लोग बैठक में आये। अब ताकाहाशी जी और मैं एक सोफ़े पर बैठे थे। योगी जी पानी सामने रखकर चाय बनाने लगे। घर की साज-सज्जा भी जापान में अभी तक देखी व्यवस्था और सुन्दरता के मेल में ही थी। चाय के साथ खाने के लिए मट्‌ठी दी। उन्होंने चिमटे से पकड़कर एक बड़े प्लास्टिक के बर्तन से मट्‌ठी उठाई और प्लेट में परोसी। सफाई का खास ध्यान यहाँ के जीवन का हिस्सा जान पड़ा। उन्होंने भी यात्रा के अनुभव और थकान के बारे में पूछा। अब वे ताकाहाशी जी से विश्वविद्यालय से सम्बन्धित कुछ कार्यों और आगे के दो-तीन दिनों में होने वाले जरूरी कार्यों के बारे में बात करने लगे। चाय पीकर और अगले दिन मिलने की बात कहकर ताकाहाशी जी चले गये।

यह मेरे जैसे अज्ञानी के लिए अच्छा हुआ कि योगी जी को एक कार्यक्रम के सिलसिले में भाग लेने के कारण अप्रैल तीन तारीख तक जापान में ही रहना था। आज तीस मार्च थी और तीन अप्रैल तक यानी आगे के चार दिनों तक योगी जी के साथ रहने और बहुत कुछ जानने का सुयोग हासिल हो गया। मुझे उन्होंने तुरन्त ही भारत में घर पर फ़ोन से सूचना देने को कहा। मैंने उनके फ़ोन का इस्तेमाल कर पत्नी रूपा जी और फिर पिता जी को फ़ोन किया। भारत और जापान के समय में साढ़े तीन घंटे का अन्तर है। यहाँ जापान में शाम होने वाली थी और वहीं भारत में दोपहर थी। योगी जी ने मेरा सामान जिस कमरे में रखा उसमें एक बड़ा बेड, दीवार में ही बनी लकड़ी की बड़ी अलमारी और एक आदमकद शीशा और एक स्टडी टेबल रखी थी। वहाँ कुछ देर तक पत्नी और पिता से बात कर बाहर बैठक में आया।

योगी जी ने खाने का कुछ इंतजाम कर लिया था या कर रहे थे। मुझे बाथरूम में जाकर हाथ-मुँह धोने और शौच आदि से निवृत्त होने के लिए कहा और अंग्रेजी ढंग के साथ बटन से चलने वाली अलग ही तरीके की बनी गर्म टॉयलेट सीट का परिचय दिया। बाथरूम में होटल की तरह दैनिक उपयोग की सभी चीजें करीने से सजी रखी थीं। बाथरूम इस्तेमाल करने के लिए अलग चप्पलों का उपयोग करना भी बताया। किस बटन को दबाने से क्या होगा इसे भी बताया। सभी कुछ जापानी

में लिखा होने के कारण इसे समझना मेरे लिए मुश्किल होता। हालाँकि बाद में देखा कि एक जगह अंग्रेजी में भी जानकारियाँ दी गयी हैं। एक बिलकुल ही नये माहौल में रह पाना मेरे लिए कितना मुश्किल होने वाला था इसकी मुझे कल्पना नहीं थी। उन्होंने मुझे अनायास ही साथ रहते हुए घर और बाहर के जीवन की अधिकतम जानकारियाँ बड़े सहज-स्नेह के साथ दीं। विश्वविद्यालय और अध्यापन से जुड़ीं मेरी जिज्ञासाओं का भी समाधान अपनी शान्त और गम्भीर शैली में करते रहे। मैं जितना ही उद्वेलित और अशान्त जिज्ञासु था। वे उतने ही स्थिर मन और वाणी के साथ सत्य को मुझसे मिलवा रहे थे। घर और आगामी जीवन से जुड़ी हर छोटी-बड़ी बात को वे मुझे जिस तरीके से बता रहे थे, वह उनके भीतर के सुलझेपन की पहचान थी। बातचीत अपनी विषय की सीमा छोड़कर जीवनव्यापी सन्दर्भ में समझ आ रही थीं। कई बार बातचीत को जीवन की बाहरी यात्रा से ज़्यादा अन्तर्यात्रा को समझने के दृष्टिकोण से बता रहे थे। उनकी ये बातें जापान ही नहीं दुनिया में सन्तुलित तरीके से रहने के जरूरी उपाय की तरह लगे।

उगुइसु की आवाज़

जापान में ओसाका विश्वविद्यालय में नेटिव स्पीकर के रूप में भाषा पढ़ाने वाले अध्यापकों को एक साथ बनी चार-चार मंज़िलों वाली चार इमारतों में ठहराया जाता है। ओसाका के मिनोह शहर में ओनोहारा हिगाशी नामक स्थान पर बनी जिस इमारत में मुझे ठहराया गया उसके पीछे एक छोटा-सा जंगलनुमा बाग़ है। इसे आप बाग़नुमा जंगल भी कह सकते हैं। इसी में जापानी बुलबुल की आवाज़ से रोज हम लोगों की सुबह होती है। जापान में इस छोटी चिड़िया को 'उगुइसु' कहते हैं। अंग्रेजी में 'जापानीज बुश वार्बलर' नाम से आप इसकी आवाज़ खोजकर सुनेंगे, तो लेख का प्रयोजन सफल होगा। जापानी बुलबुल की आवाज़ भारतीय बुलबुल की तरह मीठी लेकिन थोड़ी भिन्न होती है। यह आवाज़ इतनी मोहक है कि इसे आप एक बार सुनकर ज़रूर दोबारा सुनना चाहेंगे।

इस पक्षी का जापानी संस्कृति में अहम हिस्सा है। वैसे जापानी समाज और प्रकृति इतने अटूट रूप से जुड़े हैं कि प्रकृति का हर धागा बड़े जतन से यहाँ संभाला गया है। जापानी लोगों के नामों में प्रकृति का बड़ा योगदान है। जीवन की हर ख़ुशी में प्रकृति की उपस्थिति यहाँ अनिवार्य है। चाहे वह मार्च-अप्रैल में मनाया जाने वाला सबसे बड़ा जापानी पर्व 'ओहानामी' या नये वर्ष के दिन भगवान् की प्रार्थना करने प्राकृतिक सुन्दरता के साथ निर्मित प्रसिद्ध मन्दिरों में जाना हो या अगस्त में पितरों को याद करने वाला 'ओबोन' पर्व हो या पतझड़ में लाल पत्तियों वाले मोमीजी के पेड़ों को देखने का उत्सव हो। हर पर्व और ख़ुशी में प्रकृति जापानी समाज की चिर सहचर है।

पेड़-पौधे यहाँ इतने हैं कि पक्षियों की भिन्न-भिन्न आवाज़ें सहज ही सुनाई देती हैं। चाहे वह कौवे की कर्कश काँव-काँव हो या कबूतर की गुटर-गूँ हो। जिस गौरैया पक्षी को दिल्ली वाले दोस्त अब बहुत कम देख पाते हैं, वह यहाँ ख़ूब दिखती है। लेकिन बात हो रही है जापानी बुलबुल उगुइसु की। यह इतनी शर्मीली चिड़िया है

कि मेरे जैसे आलसी पक्षी-प्रेमी तो इसे शायद ही कभी देख पायें। यह छिपकर रहना पसन्द करती है। लेकिन इसकी आवाज़ इतनी आकर्षक है कि जिसने यह मोहक आवाज़ सुनी, वही इस चिड़िया को देखना और ख़ूब सुनना चाहता है। मेरी भी आदत इसे सुनने की हो गयी है।

यह आवाज़ वैसे तो अक्सर ही सुनाई पड़ जाती है, लेकिन सबसे ज़्यादा वसंत में जोड़ा बनाने की हसरत में नर उगुइसु इस आवाज़ को ख़ूब निकालते हैं। घर के पीछे का छोटा जंगल इनके याचना-गान से भर जाता है। यह आवाज़ इतनी मधुर लगती है कि कभी-कभी ख़ुद भी सीटी बजाकर उगुइसु की नकल करने का विफल प्रयास करता हूँ।

जापानी लोग इस आवाज़ का एक अलग अर्थ भी मानते हैं। जापान अधिकांशत: बौद्ध और शिन्तो धर्म का अनुयायी देश है। इस पक्षी की आवाज़ में मौजूद स्वर-लहर को बौद्ध धर्म में मौजूद एक श्लोक से जोड़कर भी कुछ लोग देखते हैं। मुझे जापानी भाषा के एक विद्वान ने इस आवाज़ में मौजूद वे शब्द भी जापानी में बताए थे। पहले यह आवाज़ धीमी और दीर्घ होती है, फिर दीर्घ होते-होते अचानक तेज़ होती हुई मानो पानी में डुबकी-सी ले लेती है। इसी आवाज़ की बारम्बारता सम्मोहक असर डालती है।

जापानी बुलबुल आकार में गौरैया से थोड़ी बड़ी होती है। रंग में थोड़ी समानता-थोड़ी भिन्नता भी है। चोंच तो लगभग बराबर ही होगी। जब यह अपनी चोंच खोल अपनी खास आवाज़ निकालती है, तो काफी देर तक मुँह खोले रहती है। तब इसे देखना भी सुनने जैसा ही सुन्दर लगता है। हालाँकि इसे देखना कम ही नसीब होता है। जिन पक्षी-प्रेमियों ने इनकी आवाज़ निकालती फिल्म बनाई है, उनके खोजी कैमरों और नजरों को सलाम आप भी देंगे। ऐसा इसलिए कि जब आपको यह चिड़िया इतनी पसन्द आयेगी तो आप इसे ज़रूर देखना चाहेंगे। लेकिन पेड़ की घनी शाखाओं के पीछे छिपकर रहने वाली यह शर्मीली और फुर्तीली चिड़िया ओझल होने में बड़ी कुशल है। फोटो खींचने का शौक रखने वाले गैर अनुभवी लोग शायद ही कभी इसकी तस्वीर ले पाते हों। इसलिए उन लोगों को आप भी दुआ देंगे जिन्होंने बड़ी कुशलता से उगुइसु को प्यारी सीटी बजाते अपने कैमरों में कैद कर लिया है।

इसकी आवाज़ के कुछ प्रेमी लोग परपीड़क भी होते हैं। वे इसे पकड़ या खरीद कर पिंजड़े में रखना पसन्द करते हैं। इसके बाद अगर यह अपनी मोहक आवाज़ नहीं निकालता है तो खास तरीके के पिंजड़े बनवाये जाते हैं। जिनमें पिंजड़े के भीतर भी एक छद्म खिड़की होती है। जिससे इसे लगता है कि यह बन्द नहीं

है और खिड़की से निकलकर बाहर उड़ भी सकता है। लेकिन चूँकि यह ख़ुद ही छिपना पसन्द करता है इसलिए कई बार पिंजड़े के भीतर भी इसे छिपा हुआ माहौल मिल जाता है।

यह अपनी आवाज़ के जरिये मादा उगुइसु से प्रणय की याचना करते हैं। लेकिन चातक और चकोर की तरह इनका प्रेम नहीं होता है। यह पक्षी अनेक सम्बन्धों को बनाता है। बच्चे पालने का दायित्व यहाँ भी मादा ही अपने सिर लेती है।

देखने में यह पक्षी बिलकुल आकर्षक नहीं लगता है। लेकिन इनकी आवाज़ ही इन्हें इतना लोकप्रिय बना देती है कि रूप की कमी के बाद भी इन्हें लोग देखना और सुनना चाहते हैं। ऐसा माना जाता है कि उगुइसु जो आवाज़ निकालते हैं वह "हू ऊ ऊ ऊ हो होक्यो" जैसी लगती है। एक दिन में लगभग एक हज़ार बार तक यह आवाज़ निकालता है। इसे बसंत का अग्रदूत भी माना जाता है। भीषण सर्दियों के बाद मौसम अच्छे होने की सूचना उगुइसु से ही मिलती है। जापान के उत्तरी क्षेत्र होक्काइदो में छोड़ अधिकतर जापान, कोरिया और चीन में ये मिलते हैं।

अब आवाज़ के बाद दूसरी बड़ी जानकारी पर आते हैं। पुराने समय में जापान में सुन्दरता के लिए उगुइसु के मल का ख़ूब प्रयोग होता था। जापान की गेईशा औरतें इसे अपने चेहरे पर लगाती थीं। अब भी कुछेक सौन्दर्य प्रसाधन उगुइसु के मल को बेचने का दावा करते हैं। कुछ लोग ऐसा मानते हैं कि प्रसिद्ध पॉप सिंगर विक्टोरिया बेकहम भी अपने चेहरे पर इस चिड़िया का मल लगाती हैं। यह बात सच है या नहीं, मालूम नहीं। लेकिन इतना तो तय है कि उगुइसु की आवाज़ भूलने लायक नहीं होती है

जापानी राग-मिरवा

इस समय जापान में बरसात का मौसम है। जून और जुलाई का महीना बरसात के ही नाम होता है। वैसे बारिश तो जापान में साल में कभी भी हो जाती है। और अक्टूबर से लेकर मई तक ठण्ड रहती है। उसके बाद गर्मी शुरू हो जाती है। लेकिन इस मौसम को वर्षा ऋतु माना जाता है। उसके बाद गर्मी की ऋतु आती है। यानी जून और जुलाई बरसात के ही महीने माने जाते हैं। अगस्त और सितम्बर गर्मी के महीने माने जाते हैं। पहले बरसात और फिर गर्मी। भारत से बिलकुल अलग। भारत में पहले ख़ूब तेज़ गर्मी और फिर राहत देने वाली बरसात होती है। लेकिन गर्मी तो तब भी बनी ही रहती है। उमस से निकलने वाला असूख पसीना आता ही रहता है। जापान में भी उमस का भयानक हाल है।

गर्मी और बरसात से बात इसलिए शुरू की क्योंकि गर्मी और बरसात में ही जापान में राग-मिरवा सुनाई देता है। गर्मी के आगमन की सूचना एक कीड़े से मिलती है। बिना इस कीड़े के जापान की गर्मियाँ अधूरी मानी जाती हैं। जापानियों के अनुसार इन महीनों में यह कीड़ा पूरे जापान की शान्ति भंग किये रहता है। जापान इतना शान्त देश है कि गाड़ी का हॉर्न भी यहाँ कभी भूले-भटके ही सुनने को मिलता है। बसों और ट्रेनों में बोलना या हँसना मानो मना है। कहीं से कोई शोर सुनाई देता ही नहीं। घरों में भी ज़्यादा शोर किया तो पुलिस को फ़ोन करके पड़ोसी के ख़िलाफ़ शिकायत कर देते हैं। तेज़ आवाज़ में टीवी चलाना भी मानो पूरी तरह से मना है। यह समाज अपनी स्वच्छता और शान्ति के लिए तो जाना ही जाता है।

ऐसे में इन दिनों सुबह होते ही कॉक्रोच-जैसा लेकिन उससे थोड़ा बड़ा दिखने वाला एक कीड़ा पूरे जापान को गुंजायमान कर डालता है। वह दोपहर तक यूँ ही इतना तेज शोर करता है कि कई शान्तिप्रिय लोगों को बड़ी तकलीफ होती है। अनेक जापानियों को बच्चे के रोने की प्यारी आवाज़ भी अप्रिय लगती है। ऐसे में आप

ख़ुद समझ सकते हैं कि कीड़े की तेज़ आवाज़ वाले दिन शान्ति पसन्द करने वाले जापानियों के लिए कितनी मुश्किल से गुजरते होंगे।

जिस कीड़े की बात हो रही है उसको जापान में 'सेमी' कहते हैं। अंग्रेजी में सिकाडा कहते हैं। जापान में इनकी लगभग तीस प्रजातियाँ मिलती हैं। दुनिया भर में सिकाडा पाये जाते हैं। भारत में भी इनकी दो सौ से ज़्यादा प्रजातियाँ मिलती हैं। लेकिन जापानी समाज पर इस कीड़े का असर इतना है कि गर्मी से सम्बन्धित कोई भी बड़ी फिल्म, उपन्यास या कहानी इस कीड़े की आवाज़ के बिना अधूरी मानी जाती है। जापान में क्लासिक मानी जाने वाली मुरासाकी शिकिबू नामक लेखिका की प्रसिद्ध रचना 'द टेल ऑफ़ गेंजी' में भी इस कीड़े का जिक्र है। लेकिन भारत में शायद ही गोवा और कर्णाटक में पाये जाने वाले इस कीड़े का कहीं कोई जिक्र आया हो। जापान ही नहीं दुनिया में सबसे तेज़ आवाज़ निकालने वाले कीड़े का ख़िताब इसे मिला हुआ है। हिन्दी में उसके लिए कोई नाम नहीं है। लेकिन मेरी पत्नी ने बताया कि कानपुर के पास उनके गाँव की बोली में इस कीड़े को मिरवा कहते हैं। और वह भी इसी तरह की तेज़ आवाज़ वहाँ रात में करता है। लेकिन जापान की शान्ति में मिरवा की तेज़ आवाज़ दिन में अलग से सुनाई देती है। और भारत की अनेक आवाज़ों में उसकी आवाज़ प्राय: ओझल रहती है।

यह कीड़ा जिसे हम मिरवा कह सकते हैं, वह ऐसी आवाज़ करता है जैसे किसी पेड़ में असंख्य चिड़ियाँ चहचहा रही हों। जिस साल मैं जापान आया तो मेरे जीवन में एक अनहोनी घटित हो गयी। मुझे जून में भारत जाना पड़ा। और जब लौट कर जुलाई में वापस जापान आया तो राग-मिरवा शुरू हो चुका था। पहले मुझे यही लगा कि सुबह पक्षी चहचहा रहे हैं। थोड़ी देर में शान्त हो जायेंगे। लेकिन यह आवाज़ ही सुनाई दे रही थी। पक्षी उड़ते या बैठे भी नहीं दिख रहे थे। उस दिन विश्वविद्यालय में हिन्दी और उर्दू के अध्यापकों से इस अनाहत शोर के बारे में पूछा। उन्होंने इस कीड़े का नाम और विशेष परिचय दिया। उर्दू के एक बेहद ख़ुशदिल, विनोदप्रिय और भारत में भी विख्यात प्रोफेसर सो यामाने जी ने कहा कि यह कीड़ा शान्त जापानियों की नाक में दम किये रहता है। इस कीड़े को छोड़ और कोई जापान की शान्ति कम नहीं करता है। पाकिस्तान से आये उर्दू के प्रोफेसर मरगूब ताहिर हुसैन साहब ने एक मजेदार किस्सा सुनाया। ओसाका विश्वविद्यालय में हिन्दी-उर्दू के साथ विश्व की अनेक भाषाएँ पढ़ाई जाती हैं। जिस देश की भाषा पढ़ाई जाती है, वहाँ से एक प्रोफेसर भी ज़रूर बुलाया जाता है। उनके रहने के लिए जो घर दिये गये हैं,

वहीं पीछे एक छोटा-सा जंगल है। उस में भी मिरवा अपना राग बरसात में छेड़ते हैं। तो उन्होंने बताया कि किसी देश के प्रोफेसर इस शोर को पहली बार सुनकर इतना परेशान हुए कि घर के पीछे मौजूद पेड़ों के पास एक बड़ा डंडा लेकर पहुँच गये और सभी कीड़ों को चिड़ियाँ मानकर उन्हें उड़ाने की विफल और मनोरंजक कोशिश करने लगे। बाकी लोग उन्हें देख मुस्कुराते रहे।

हिन्दी-जापानी भाषा का शब्दकोश बनाने वाले प्रो. अकीरा ताकाहाशी जी ने बताया कि यह कीड़ा जमीन के नीचे ही अपनी अधिकांश ज़िन्दगी गुजारता है। फिर मादा-मिरवा से प्रणय करने के लिए ही अनेक सालों के बाद दोनों ऊपर आते हैं। फिर जो आवाज़ हम लोग सुनते हैं, वह नर-मिरवा के रति-क्रिया के आमन्त्रण की आवाज़ है। यानी राग-मिरवा प्रणय-राग ही है। मजेदार बात यह भी है कि इस तेज़ कान फोड़ने वाली आवाज़ को करते समय सभी नर-मिरवा अपने कान बन्द कर लेते हैं। यह आवाज़ लगभग दो हफ्ते तक बदस्तूर चलती है। जापानी मानते हैं कि कोई माई का लाल इस राग-मिरवा को नहीं रोक सकता है। हम भारतीयों को यह आवाज़ इतनी तेज़ और परेशान करने वाली नहीं लगती है। इसलिए अपने लिए तो यह राग-मिरवा ही है।

मिलन के लिए की जाने वाली इस तेज आतुर-आवाज़ को करने और फिर अगली पीढ़ी को जन्म देने के बाद कुछ ही दिन तक मिरवा जीवित रहते हैं। अक्सर आवाज़ करते-करते ही फट कर मर जाते हैं। इनके फटने की आवाज़ को 'सेमी-बम' भी कहते हैं। मरे हुए मिरवों को मैंने सड़क पर, पेड़ों के नीचे फटे पड़े देखा है। यानी जीवन का सबसे 'सार्थक' समय जीने के बाद मृत्यु इनका इंतजार करती है। जीवन और मृत्यु इतने पास-पास रहती हैं। नहीं तो जमीन में सुप्त अवस्था में ये कीड़े दस-पन्द्रह साल तक जीवित पड़े रहते हैं।

जब ये शोर करते हैं तो लगता है जापान के पेड़-पौधों को आवाज़ मिल गयी है। हम भारतीय संगीत और कुछ हद तक शोर पसन्द माने जाते हैं। इसलिए मिरवों के शोर में मुझे संगीत ही सुनाई पड़ता है। जिसे मैं राग-मिरवा कहता हूँ। इसलिए कभी आप जापान घूमने आयें तो गर्मी और बरसात में राग-मिरवा भी आकर सुनें।

ख़ूब दौड़ने, पढ़ने और मीठा खाने वाली एक जापानी लड़की का अनोखा सपना

हिन्दी पढ़ाते हुए कई बार विद्यार्थियों को सौ-दो सौ शब्दों में अपना सपना लिखने के लिए भी कहता हूँ। कई बार बड़ी मजेदार बातें वे लिखते हैं। प्राय: जापानी विद्यार्थी बहुत कम बोलते हैं। लेकिन लिखते हुए वे अपने मन की बातें प्रकट करने से नहीं चूकते हैं। हो सकता हो मेरी बात गलत हो। ऐसा सिर्फ़ मुझे ही लगता हो। लेकिन फिर भी जापान के विद्यार्थियों के बारे में इस बातचीत से आप भी कुछ ज़रूर जान पायेंगे।

इन दिनों जापान की जनसंख्या दिनों दिन कम होती जा रही है। बूढ़े लोगों की संख्या बहुत है। कम ही युवा लोग शादियाँ कर रहे हैं। सरकार इस मामले में चिन्तित नज़र आ रही है। यह बात पूरे देश के लिए विचारणीय है। ऐसे में जब कक्षा में अनके विद्यार्थियों ने अपने सपने के बारे में लिखते हुए शादी कर बच्चे पैदा कर ख़ुशहाल जीवन जीने का सपना व्यक्त किया तो अच्छा लगा।

इन सपनों में एक सपना सबसे ज़्यादा उल्लेखनीय है। जिस समय यह लिख रहा हूँ, उस समय मिज़ुकी कोजिमा जी दूसरी कक्षा की विद्यार्थी हैं। यानी वे दो साल से हिन्दी पढ़ रही हैं। अपनी कक्षा के अन्य विद्यार्थियों की तुलना में उनकी हिन्दी काफी सुधरी हुई है। लेखनी बहुत छोटी लेकिन बहुत सुन्दर है। दौड़ने की शौक़ीन मिज़ुकी जी हँसमुख हैं। उनके आकार को देखकर नहीं जान सकते कि एक महीने में ये कितना दौड़ती होंगी। जापान भर में दौड़ने की प्रतियोगिताओं में भाग लेती रहती हैं।

अब उनके सपने के बारे में बात करते हैं। उनके कई सपने हैं। जो सपना मुझे सबसे रोचक लगा वह यह कि वे शादी करके पाँच बच्चों की माँ बनना चा़हती हैं। उन सभी बच्चों के साथ दौड़ना चाहती हैं। अपने पति और बच्चों के साथ भारत जाना

चाहती हैं। अपने बच्चों को हिन्दी सिखाना चाहती हैं। और फिर बच्चों के साथ भारत में रहकर कुछ काम करना चाहती हैं।

एक साथ इतनी अच्छी बातें पढ़कर मन ख़ुश हो गया। पहली ख़ुशी तो इस बात की कि जापान को परिवार व्यवस्था और बच्चों की बड़ी जरूरत है। ऐसे लोग कम हो रहे हैं जो शादी कर परिवार बसाएँ और बच्चे पैदा कर जापान की घटती जनसंख्या को बढ़ाएँ। बहुत कम ही जापानी लोगों से व्यक्तिगत परिचय हुआ है। लेकिन उनमें से अनेक अकेले अविवाहित हैं। यहाँ एक या दो से अधिक बच्चे किसी के नहीं दिखते हैं। तीन या उससे अधिक बच्चों वाले परिवार के बारे कुछ लोग बताते ज़रूर हैं। इसलिए मिज़ुकी जी का सपना जापान के लिए भी शुभ है। भारत या तीसरी दुनिया के लोग यहाँ आबादी बढ़ने या पालन-पोषण में आने वाली समस्याओं की बात सोच सकते हैं। लेकिन जापान जैसे विकसित और अमीरी-ग़रीबी में कम फर्क वाले देश में यह बहुत आसान होगा। बच्चों के पालन-पोषण और हर नागरिक को मिलने वाली सुविधाओं के आधार पर यह बात कही जा सकती है। मेरा ख़ुद का अनुभव भी बेहद सकारात्मक है। और फिर उन्होंने बच्चों को हिन्दी सिखाने की बात कही यह मेरे जैसे हिन्दी के अध्यापक के लिए सुखद है।

जापानी लड़कियाँ देखने में जितनी सुन्दर होती हैं, शरीर से ही उतनी ही मजबूत भी होती हैं। कोई न कोई खेल या मेहनत का काम वे रोज ज़रूर करती हैं। वे कोमल देखने में ही लगती हैं। लेकिन जब आप उनके दैनिक काम के बारे में जानेंगे तो हैरत में पड़ जायेंगे।

यही हाल मिज़ुकी जी का भी है। वे देखने में इतनी नाजुक सी हैं, लेकिन उन्होंने अपने एक महीने की दौड़ का जो लेखा-जोखा एक बार लिखकर दिया, उतना तो मैं अपनी अब तक की उम्र में भी नहीं दौड़ा हूँ। वे यूनिवर्सीटी के एक परिसर से दूसरे परिसर में चलने वाली बस से रोज बड़े मैदान में जाती हैं। वहाँ ख़ूब दौड़ने का अभ्यास बिना नागा करती हैं। जब कोई बड़ी प्रतियोगिता होती है तो एक छोटी-सी पर्ची में अपनी अर्जी लिखकर छुट्टी माँगती हैं। उस पर्ची में छोटे-छोटे सुन्दर अक्षरों में किसी स्थान पर होने वाली सैकड़ों मीटर या कई किलीमीटर की दौड़ में हिस्सा लेने की इच्छा लिखी होती है।

खोया और पाया

जापान के रास्ते पैदल चलने के शौक़ीन लोगों के लिए ही मानो बने हैं। इन रास्तों पर अक्सर ही मैं और मेरी पत्नी रूपा जी जीभर कर पैदल घूमते हैं। एक दिन घर से शाम को बिजली का बिल जमा करवाने जा रहा था। साथ मैं पत्नी भी थीं। सड़क पर देखा कि मोबाइल का कवर जैसा कुछ पड़ा है। मन में खटका हुआ। पहले पैर से आराम से महसूस किया कि खोल है कि फ़ोन है। लेकिन पैर से छूकर देखा तो पता चला कि मोबाइल फ़ोन है। उसे उठाया। आसपास देखा। फ़ोन को देखा कि फ़ोन कर उसके मालिक को ही बता दें। फ़ोन पूरा जापानी भाषा में था। जिसे खोलना भी हमें नहीं आ पाता। और फिर टूटी-फूटी अंग्रेजी में आने-जाने वालों को बोलने की कोशिश की कि किसी का मोबाइल यहाँ गिरा पड़ा है। एक-दो बूढ़ी औरतें पास आती दिखीं। उन्हें बताने की असफल कोशिश की। किसी ने न बात समझी और न कोई फ़ोन लेकर गया। हमें क्या करना चाहिए था यह भी ठीक-ठीक नहीं मालूम था। इसलिए उस मोबाइल फ़ोन को वहीं पास में रास्ते के किनारे ऊँची जगह पर रख दिया। इससे मोबाइल आसानी से दिखता भी रहे और किसी साईकिल के नीचे भी आने से बच जाये।

काफी देर बाद आये तो फ़ोन वहाँ नहीं था। शायद किसी ने उसे कोबान नामक छोटे पुलिस थाने और खोया-पाया विभाग में जमा करवा दिया होगा। विद्यार्थियों से अगले दिन कक्षा में पूछा कि कोई सामान गिरा मिलता है तो आप क्या करते हैं? उन्होंने लगभग एक समान जवाब दिया कि पुलिस के पास खोया-पाया विभाग में उसे जमा करवा कर आ जाते हैं। यदि समय न हो तो उसे वहीं पड़ा रहने देते हैं। कोई-कोई विद्यार्थी उस सामान को ठीक जगह पर रख देता है।

इस सम्बन्ध में उर्दू के प्रोफेसर ने एक घटना सुनाई। एक बार उनके मित्र अपने पैसे एटीएम में ही भूल गये। और जब उन्हें याद आया तो घर के पास पहुँच चुके थे। भागे-भागे वापस एटीएम आये। मालूम हुआ कि जिस मशीन में उनके पैसे

छूटे थे वहाँ से किसी ने पुलिस में जमा करवा दिये हैं। पुलिस के पास जाकर जमा करवाने वाले के लिए दिये जाने वाले प्रोत्साहन का एक अंश काटकर उन्हें पैसे मिल गये। नियम है कि किसी खोयी हुई चीज को जमा करवाने वाले को कुछ राशि भी दी जाती है। लेकिन इसके लिए भी व्यक्ति के पास समय होना चाहिए। जापान जैसे व्यस्त देश में इस काम के लिए भी समय निकालना विरले के ही वश का होगा। मेरे जैसे के लिए दूसरी परेशानी थी। पुलिस के पास जाने और उससे बात करने के लिए जापानी भाषा आनी चाहिए।

मोबाइल पड़े मिलने की एक और घटना अभी हाल की ही है। उस दिन मैं और श्रीमती जी अस्पताल से लौट रहे थे। देखा कि रास्ते के साथ लोहे की जाली पर एक मोबाइल फ़ोन कोई लटका गया है। फ़ोन के पीछे जो छल्ला जैसा है, उसे लोहे में फँसा कर कोई यहाँ लटका गया है। इस बार भी यह अचम्भा देख कर ख़ुशी हुई। थोड़ा मनोरंजनार्थ इस घटना का वीडियो भी बनाया। परिवार के लोगों को भेजा। गाँव में पिताजी को भी यह घटना बताई। पिताजी का फ़ोन अभी कुछ महीने पहले ही गाँव के पास एक मेले में खो गया था या चुरा लिया गया था। इसलिए हमारा यह आश्चर्य सबका आश्चर्य बन गया। अचम्भा यह की इतने महँगे फ़ोन रास्ते में भी पड़े मिलें तो कोई इसे अपने घर नहीं ले जाता बल्कि जिसका फ़ोन खोया है वह दोबारा यहाँ से गुजरे तो उसे वापस यहीं से मिल जाये। ऐसी व्यवस्था यहाँ की गयी है। या किसी के पास समय हो तो उस फ़ोन को पुलिस थाने में जमा करवा कर फ़ोन के मालिक के पास भी पहुँचा सकता है।

यह स्थिति दुनिया भर से आने वाले अधिकांश लोगों को चौंकाती है। भारतीय होने के नाते मुझे भी यह देख अद्भुत और सपने जैसा लगता है। एप्पल के फ़ोन यहाँ बहुत लोकप्रिय हैं और महँगे भी मिलते हैं। और वे अगर रास्ते पर मिलते हैं तो कोई उसे लेकर जाता नहीं है। भारत में हाथ से फ़ोन छीनकर भागने की घटनाएँ अब आम होने लगी हैं। बस-ट्रेन से चोरी होना भी काफी चलन में है। धमकाकर सुनसान रास्तों पर फ़ोन और पैसे निकलवा लेना भी सामान्य स्थिति में शुमार हो गया है।

ऐसे में जापान में रास्ते में महँगी-सस्ती चीजें गिरी मिलना और आने-जाने वालों का उसके प्रति निर्लोभी रवैया अविश्वसनीय लगता है। फिर ऐसा मन जापान की किसी कमजोरी को खोजने लगता है। जिससे आश्चर्य का भाव थोड़ा कम हो। लेकिन खोजने पर भी मुझे अभी तक चोरी और लूट की कोई घटना किसी भारतीय मित्र के मुँह से सुनने को नहीं मिली है। समाचार पत्रों में जरूर कभी-कभार अपवाद स्वरूप ऐसी घटनाएँ पढ़ने को मिल जाती हैं। एक-दो दोस्तों ने फ़ोन खो जाने और

न मिलने की भी बात बताई है। एक प्रोफेसर का फ़ोन एक टैक्सी में खो गया तो नहीं मिला। उनके बेटे ने बताया कि फ़ोन की लोकेशन किसी दूसरे देश की मिली। इसका यह भी अर्थ हो सकता है कि फ़ोन ले जाने वाला व्यक्ति जापान का न हो। लेकिन यह बात विदेशियों के मामले में सच भी हो सकती है और उन्हें नाहक ही बदनाम करने के भाव से फैलाई गयी हो। ऐसा नहीं कि जो मेरा अनुभव है वह सौ प्रतिशत लोगों का सच होगा। सम्भव है कि कुछ लोग इससे भिन्न अनुभव वाले भी निकल आयें। तो भी अधिकांश का अनुभव अच्छा ही है।

किसी एक दिन की जापान डायरी

25 मार्च 2019, दिन सोमवार

मैं उमेदा के पास बिजनेस पार्क नामक स्थान पर होने वाले दीक्षांत समारोह में हिस्सा लेने के लिए 176 नम्बर की बस से सेनरी चुओ के लिए निकल गया। सेनरी चुओ तक बस से और उसके बाद मिदोसुजी लाइन की ट्रेन से शिनसाईबाशी होते हुए एक-दूसरी रयो कुचो लाइन पकड़कर बिजनेस पार्क स्टेशन पर पहुँचा ही था कि गेट के बाहर जाते हुए ताकाहाशी सेन्सेई और उर्दू के प्रोफेसर यामाने साहब दिख गये। उनके ही साथ समारोह स्थल के पास विद्यार्थियों को उनकी डिग्रियाँ दी जानी थीं, वहाँ पहुँचा। वहाँ पर सभी भाषाओं के अध्यापक पहुँचे थे। अरबी के प्रोफेसर अब्देल रहमान जी से मुलाकात हुई। वहीं पर हंगरी और स्वीडेन की प्रोफेसर भी मिलीं। आगे मिलने की फिर से योजना बनीं। स्वीडेन की गुन्नेल सेन्सेई को भारतीय खाना और फ़िल्में काफी पसन्द हैं। वे बहुत मिलनसार भी हैं। वे घर आकर भारतीय फ़िल्में देखने की इच्छा कई बार जता चुकी हैं। अब वे सिर्फ़ पाँच दिन और जापान में रुकेंगी इसके बाद फिर से पुराने और अन्तर्मुखी अध्यापक उनकी जगह आ जायेंगे। और गुन्नेल जी अपना एक साल पूरा कर वापस स्वीडेन लौट जायेंगी। एक साल में वे अनेक लोगों से मिल उनके दिल में अपनी जगह बना कर लौट जायेंगी। न जाने फिर मुलाकात हो या न हो। कोई नहीं जानता। यहाँ का यही चलन है। मिलना और छूटना साथ-साथ चलता रहता है। आज सुबह ही इंडोनेशिया से प्रोफेसर वायन जी का मेल आया कि पिछले रविवार को वे अपनी पत्नी मेली जी के साथ लौट गये हैं। उनसे घर पर मिलने का वादा था जो पूरा न हो सका। इसका उनको अफ़सोस है। और हमें भी दुःख है। मैं और मेरी पत्नी कल ही तोक्यो से ओसाका लौटे इसलिए उनसे जाते समय मुलाकात न हो सकी।

दोपहर में दीक्षांत समारोह से निकलने के बाद शाम छह बजे विद्यार्थियों की ओर से भोज में शामिल होने के लिए हम तीनों अध्यापकों को वहीं कहीं रुकना था।

घर आकर वापस उमेदा लौटना मेरे लिए भी मुश्किल होता इसलिए वहीं रुककर चार घंटे बिताने की योजना हम लोगों ने बना ली। हिन्दी विभाग से नागासाकी सेन्सेई भी हमारे साथ थीं। चौथी अध्यापिका निशिओका जी कहीं आने जाने से और हम सबसे मिलने में संकोच करती हैं। ताकाहाशी सेन्से और नागासाकी सेन्से के साथ पहले एक छोटे से रेस्त्रां में गये। ताकाहाशी सेन्से ने चावल और अंडे की भुजिया जैसी कोई चीज खाई। नागासाकी सेन्से ने केवल सोडा पानी पिया। चाय और ब्रेड मैंने खाया। सबने अपने-अपने पैसे दिये।

इसके बाद हम लोग एक पुस्तकालय पहुँचे। वह एक सौ पन्द्रह साल पुराना ऐतिहासिक और बहुत ही सुन्दर पुस्तकालय था। बनावट में यूरोपियन स्थापत्यकला वाला भव्य पुस्तकालय। वहाँ नागासाकी और मैंने बैठना तय किया। ताकाहाशी सेन्से किसी और स्थान के लिए वहाँ से निकल पड़े। बाद में उन्होंने बताया कि वे एक बहुत बड़ी पुस्तक की दुकान में आये और एक किताब खरीद कर लाये हैं।

हम लोग पुस्तकालय के बाद गूगल मैप की मदद से रास्ता खोजते हुए उस रेस्त्रां में पहुँचे जहाँ आज रात का भोजन विद्यार्थियों ने निश्चित किया था। रास्ते में नागासाकी सेन्से चित्र और मूर्तिकला की प्रदर्शनियाँ दिखाती रहीं। यह भी बताया कि एक बार उनकी चित्रकला प्रदर्शनी में एक चित्र किसी ने खरीद भी लिया था। यानी वे अच्छी चित्रकार भी हैं। यह बात उन्होंने बड़े मजाकिया लहजे में ही बता दी। रास्ते में एक ऐसी दुकान या प्रदर्शनी दिखी जिसमें गणेश जी की प्रतिमा रखी थी। मैंने बाहर दरवाजे से ही एक-दो तस्वीरें ले लीं। अन्दर दुकान की मालकिन ने चित्र लेने के बारे में पूछने पर मना कर दिया। वह मूर्ति भारत की न होकर कम्बोडिया की थी। लगभग ढाई-तीन फुट ऊँची गणेश जी की प्रतिमा दसवीं शताब्दी की थी। इस मूर्ति के उस दुकान में पहुँचने की कहानी न हमने पूछी न उन्होंने बताई। अनेक दुर्लभ कला कृतियाँ वहाँ सजी हुई रखी थीं। जिनकी कीमत चार-पाँच लाख येन से शुरू हो रही थी। हम लोग वहाँ से बाहर निकलकर अपने मूल गंतव्य की ओर बढ़ गये।

मेरे फ़ोन की बैटरी ख़त्म होने वाली थी। इसलिए अब नागासाकी सेन्से रास्ता खोज रही थीं। पैदल ही बीस मिनट चल कर तय स्थान के बिलकुल पास तक पहुँच गये। अब उस रेस्त्रां हमें नहीं मिल रहा था। नागासाकी सेन्से ने आयोजन की योजना को सँभाल रहीं एक विद्यार्थी शिनो कवागाये जी को फ़ोन किया। अपने स्थान के बारे में बताया। तीन-चार मिनट में ही वे हम दोनों को वहाँ ले जाने के लिए आ गयीं। ताकाहाशी सेन्से और तेरह विद्यार्थी पहले से वहाँ मौजूद थे। जापान में समय सच में

देवता है। कोई भी समय के बाद नहीं पहले भले ही पहुँचना चाहता है। हम लोग भी ठीक छह बजे वहाँ थे। भारतीय रंग-ढंग से सजे हुए इस रेस्त्रां का नाम 'कान्ते ग्रांदे' था। राजस्थानी सजावट और संगीत वहाँ की ख़ूबसूरती का कारण था।

खाने में सब कुछ मांसाहारी था। शाकाहारी खाना कम था, इसलिए थोड़ा-बहुत मैंने भी खाया। चाय पी। लेकिन खाने से जरूरी बात विद्यार्थियों की और उनके प्यारे शिक्षकों की बातें थीं। दो विद्यार्थी साड़ियाँ पहन कर आयी थीं। दीक्षांत समारोह में भी एक विद्यार्थी साड़ी और एक लंहगा पहन कर आयी थीं। एक विद्यार्थी बनारसी कुरता-धोती भी पहन कर दोपहर में आये थे। अब वे सभी कोट-पैंट में थे। अपने अनुभव उन्होंने सच्चाई के साथ बताए। दो-तीन विद्यार्थियों ने कहा कि शुरुआत में उन्हें हिन्दी से प्रेम नहीं था। कइयों को अब भी नहीं है लेकिन अब ऐसा लग रहा था कि यह छूट रहा है और वे ऐसा बताते हुए रो रही थीं। दो विद्यार्थियों ने यह भी बताया कि ताकाहाशी सेन्से ने उन्हें फेल भी किया। वे ज़िन्दगी में पहली बार फेल होने के अनुभव को जान पाईं। और एक साल ज़्यादा हिन्दी पढ़ने का मौका मिला। कई विद्यार्थियों ने बताया कि हिन्दी ने उनकी ज़िन्दगी ही बदल दी है। अब वे पहले जैसे नहीं रहे। एक विद्यार्थी अब भारत जाकर अप्रैल से एक कम्पनी में काम भी करेंगी।

लगभग सभी ने अपनी बात जापानी में ही कही। मेरे लिए एक-दो वाक्य या विद्यार्थियों ने हिन्दी में कुछ ज़्यादा बातें बोलीं। जापानी का अनुवाद ताकाहाशी सेन्से या शुन उजीता सान कर रहे थे। चार घंटे तक यह संवाद और विदाई समारोह चला। आते हुए मैं और वे सभी भावुक हो रहे थे। स्टेशन पर ताकाहाशी सेन्से ने मुझसे कहा–गले मिलेंगे? सख़्त लगने वाले ताकाहाशी सेन्से ऐसा कहें यह दुर्लभ ही होता है। ऐसा मैं ही नहीं सभी विद्यार्थी और सह-अध्यापक मानते हैं। मैं उनसे गले मिलकर वापस घर आ गया। ग्यारह बजे घर पहुँचा। इस समय रात के डेढ़ बज रहे हैं। कई बातें छूट गयी होंगी। बाकि बातें याद आने पर।

लाई हयात आये कज़ा ले चली चले

आख़िरी मुग़ल बादशाह बहादुरशाह ज़फ़र के उस्ताद शेख़ इब्राहीम ज़ौक़ (1790-1854) की ग़ज़ल का एक शेर है–

लाई हयात आये कज़ा ले चली चले/अपनी ख़ुशी न आये न अपनी ख़ुशी चले।

यह ग़ज़ल लक्ष्मीधर मालवीय जी (1934-2019) को बहुत पसन्द थी। इस ग़ज़ल के पहले शेर की पहली पंक्ति इतनी पसन्द थी कि उन्होंने इस पंक्ति (लाई हयात आये कज़ा ले चली चले) को आधा-आधा बाँटकर अपनी दो किताबों का शीर्षक बनाया। सम्भवत: दोनों किताबें मालवीय जी की ज़िन्दगी के बड़े हिस्से को सामने लाती हैं। मैंने अभी तक पहली किताब 'लाई हयात आये' ही पढ़ी है दूसरी किताब 'कज़ा ले चली चले' अभी प्रकाशनाधीन है।

दिल्ली में रहते हुए 'जनसत्ता' में छपने वाले कॉलम 'शब्दों के रास' के जरिये लक्ष्मीधर मालवीय जी से पहला परिचय हुआ। लेकिन वे तब तक मेरे लिए ओम थानवी जी के सम्पादन में 'जनसत्ता' में छपने वाले हिन्दी के अनेक गम्भीर लेखकों में से एक थे। इससे अधिक मैं उनके बारे में कुछ नहीं जानता था। 'जनसत्ता' में मैं उनको पढ़ता था। कुछ समझ आता था और बहुत कुछ नहीं भी आता था। दिल्ली विश्वविद्यालय में 'देव ग्रन्थावली' भी देखी थी। उनके जीवन और रचनाओं से थोड़ा अधिक परिचय सन् 2017 में जापान आने के बाद ही हुआ।

ओसाका विश्वविद्यालय में हिन्दी पढ़ाना शुरू करने के कुछ दिन बाद ही मुझे पता चला कि इसी विश्वविद्यालय में लक्ष्मीधर मालवीय जी भी पढ़ाते थे। वे ओनोहारा में इसी घर में कुछ समय रहे भी, संयोग से जहाँ अब मैं रह रहा हूँ। ओसाका विश्वविद्यालय के पूर्व विभागाध्यक्ष प्रोफेसर अकिरा ताकाहाशि जी उनके विद्यार्थी और सह-अध्यापक रहे हैं। मालवीय जी से जुड़ी कुछेक दिलचस्प बातें उन्होंने भी बताई हैं। ताकाहाशि जी ने बताया कि मालवीय जी बहुत सख्त अध्यापक थे। उनकी सख्तमिजाजी का एक मज़ेदार किस्सा यूँ है। एक

बार एक विद्यार्थी मालवीय जी के पास आया। विद्यार्थी पढ़ने में कमजोर था। उसे परीक्षा में कम अंक मिले थे। मालवीय जी अपने कमरे में बैठे कुछ पढ़ रहे थे। उनका कमरा शायद छठी मंज़िल पर था। विद्यार्थी कमरे में आया और बोला कि आपने मुझे फेल कर दिया है। आप मुझे पास कर दीजिए नहीं तो मैं आपके कमरे की खिड़की से नीचे कूदकर आत्महत्या कर लूँगा। मालवीय जी ने ध्यान से उस जापानी विद्यार्थी की बात सुनी। आराम से अपनी कुर्सी से उठे। खिड़की खोलकर कहा—कूद जाओ।

27 नवम्बर 1934 को इलाहाबाद में जन्मे मालवीय जी का बचपन बनारस में बीता। वहीं उनके दादा महामना मदनमोहन मालवीय जी (1861-1946) रहते थे। मदनमोहन मालवीय जी ने 1916 में बनारस हिन्दू विश्वविद्यालय की स्थापना की थी। मदनमोहन मालवीय भारतीय स्वतन्त्रता सेनानी, शिक्षाविद, पत्रकार और प्रसिद्ध वकील थे। मालवीय जी का परिवार पंजाब से मध्य देश के मालवा क्षेत्र में बसा और फिर वहाँ से सन् 1449 के लगभग इलाहाबाद आकर बसने के कारण 'मालवीय' नाम के पुकारा जाने लगा। पंडित मदनमोहन मालवीय जी के दादा श्री प्रेमधर चतुर्वेदी जी कथावाचक थे। यही उनका पारिवारिक जीविकोपार्जन का साधन था। श्री प्रेमधर चतुर्वेदी जी के पुत्र श्री ब्रजनाथ चतुर्वेदी जी भी कथावाचक थे। कथावाचन से ही परिवार का पालन-पोषण होता था। मदनमोहन मालवीय जी को भी उनके परिजन इसी काम में प्रवीण करना चाहते थे। लेकिन वे संस्कृत और अंग्रेजी की शिक्षा के साथ वकालत की शिक्षा हासिल कर पहले अंग्रेजी के शिक्षक बने बाद में उन्होंने वकालत भी की। मदनमोहन मालवीय जी कांग्रेस के चार बार अध्यक्ष बने। उन्होंने चौरा-चौरी आन्दोलन में अभियुक्त बनाए आन्दोलन कर्मियों की ओर से केस लड़ा और जीता था। माना जाता है 'सत्यमेव जयते' का कथन उन्होंने ही प्रचलित करवाया था।

मदनमोहन मालवीय जी के चार बेटे और तीन बेटियाँ थीं। उनके बेटे मुकुंद मालवीय जी ने बम्बई में व्यापार-कार्य किया। वे अधिक शिक्षा न ले सके। बीए में अनुत्तीर्ण रहे। मुकुंद मालवीय जी ने अपने बेटे लक्ष्मीधर मालवीय जी के नौकरी करने के निर्णय को भी पसन्द न किया। लक्ष्मीधर मालवीय जी ने अपने पिता से अपने सम्बन्धों के बारे में कुछेक बातें सूत्र रूप में भी लिखी हैं। उन्होंने नवम्बर 1962 में शिमला में आत्महत्या की थी। मालवीय जी की बेटी मधु जी ने इस बात से इनकार किया है। इसे वे दुर्घटना बताती हैं। उन दिनों मालवीय जी जयपुर में अध्यापन कार्य कर रहे थे।

मालवीय जी का बचपन बनारस और किशोरावस्था का कुछ समय इलाहबाद में बीता। वे जब 12 साल के थे तब उनके दादा महामना मदनमोहन मालवीय जी का देहान्त हो गया। उस समय तक वे बनारस में ही रहकर संस्कृत पाठशाला में अध्ययन करते थे। जब मालवीय जी दस वर्ष के थे तब उनके पिता ने उन्हें हिन्दू विश्वविद्यालय की संस्कृत शास्त्री की कक्षा में बैठाया था। उसके बाद वे अपनी माता जी के साथ अपने मामा ब्रजमोहन व्यास जी के पास इलाहाबाद चले गये। इलाहाबाद में ही मालवीय जी का पैतृक निवास भी था, जिसमें उस समय कोई किरायेदार जबरन मौजूद था। इलाहाबाद के ही सीएवी इंटर कॉलेज से आगे की पढ़ाई की। उसके बाद इलाहाबाद विश्वविद्यालय से बीए और एमए के बाद 'महाकवि देव के लक्षण ग्रन्थ' पर माताप्रसाद गुप्त जी के निर्देशन में डी. फिल. की उपाधि प्राप्त की।

इसी बीच इलाहाबाद विश्वविद्यालय में अस्थायी रूप से अवैतनिक अध्यापक के रूप में अध्यापन कार्य भी किया। उस समय विभागाध्यक्ष डॉ. रामकुमार वर्मा जी थे। उनके न चाहने के कारण मालवीय जी की वहाँ नियुक्ति नहीं हुई। 18 जुलाई 1961 को वे हमेशा के लिए इलाहाबाद को छोड़ जयपुर नौकरी करने के लिए निकले। जयपुर में मालवीय जी लगभग साढ़े पाँच साल रहे। 24 अप्रैल 1966 को जयपुर और अपनी माता, पत्नी इन्दु जी और दो बेटियों गौरी जी और मधु जी समस्त परिवार और मित्रों को भारत में छोड़ वे जापान के ओसाका शहर आ गये। तीन साल के बाद 1969 में तोक्यो नौकरी करने के लिए गये। लेकिन नियमित आय और नौकरी के अभाव में जीवन घोर अनिश्चितता और ग़रीबी से ग्रस्त रहा। फिर भी इन अनिश्चित और बेहद थकाऊ दिनों को मालवीय जी ने अपने जीवन के स्वर्णिम दिन कहा है। इन्हीं दिनों तोक्यो में उनकी भेंट अकिको जी से हुई। 19 जून 1971 को तोक्यो में शादी की। वहाँ से 1973 में एक साल के बेटे अमित को लेकर वापस ओसाका लौटे। और फिर 1990 तक ओसाका विश्वविद्यालय में अध्यापन करते रहे। सेवानिवृत्ति के बाद क्योतो में घर लेकर पत्नी और दो बच्चों के साथ रहने लगे।

1934 में इलाहाबाद में जन्मे मालवीय जी की मृत्यु 10 मई 2019 को क्योतो में उनके घर पर हुई। वे 1966 ई. से लेकर जीवन के अन्तिम दिन तक जापान में रहे। उन्होंने लगभग 53 साल यहाँ बिताए। जब वे राजस्थान से अपनी नौकरी छोड़ जापान के शहर ओसाका आये तब उनकी उम्र 32 साल की थी।

ओसाका विश्वविद्यालय में श्री जगत दवे जी के अचानक वापस लौट जाने के बाद भारतीय अध्यापक का पद एक साल खाली रहा। उनके बाद डॉ. लक्ष्मीधर

मालवीय जी ओसाका विश्वविद्यालय आये। तब इसका नाम ओसाका गाईकोकुगो दाईगाकु था। इसके अलावा उन्होंने कुछ समय तोक्यो में भी अध्यापन कार्य किया। ओसाका विश्वविद्यालय में करीब 20 साल हिन्दी पढ़ाने के बाद उन्होंने सेवानिवृत्ति के बाद सात साल तक क्योतो में तुलनात्मक संस्कृति के बारे में भी अध्यापन कार्य किया। मालवीय जी ने कुछ समय तोक्यो में भी रहकर काम किया।

वे अपनी मातृभाषा अवधी के अलावा हिन्दी, ब्रज, संस्कृत, उर्दू, फारसी, अंग्रेजी, स्पेनिश, जापानी आदि भाषाएँ गहराई से जानते थे। वे रीतिकाल के मर्मज्ञ विद्वान और धीर शोधकर्ता थे। उन्होंने श्रीपति मिश्र ग्रंथावली (1999), देव सम्पूर्ण ग्रन्थावली (2002) के साथ-साथ बिहारी सतसई (2008), और सुवंश कृत उमराउकोश (2010) आदि रचनाओं का प्रामाणिक सम्पादन किया। उन्होंने चार उपन्यास भी लिखे–किसी और सुबह (1978), रेतघड़ी (1981), दायरा (1983) और यह चेहरा क्या तुम्हारा है (1985)। उनके चार कहानी संग्रह भी हैं–हिमउजास (1981), शुभेच्छु (1982), फंगस (1985), और आइसबर्ग (2016)। मक्रचाँदनी (1995) नाम से चौथे कहानी-संग्रह का जिक्र 'आइसबर्ग' कहानी संग्रह के फ्लैप पर ज़रूर मिलता है लेकिन वह मुझे उपलब्ध नहीं हो सका। मालवीय जी की बेटी मधु जी ने बताया कि वह संग्रह प्रकाशित नहीं हो पाया था। उसकी कहानियाँ 'आइसबर्ग' संग्रह में हैं।

इनके अलावा दो आत्मकथ्य-संस्मरणों की किताबें भी हैं–'लाई हयात आये' (2004), स्फटिक (2007) (दो खण्डों में)। भाषा और अन्य विषयों पर 'जनसत्ता' आदि समाचार पत्रों में लिखे लेखों का संग्रह 'शब्दों का रास' (2014)। 'कज़ा ले चली चले' किताब उनकी इच्छा के अनुसार मरणोपरांत प्रकाशित होनी है।

वे सिर्फ़ हिन्दी के अध्यापक और लेखक ही नहीं थे। वे कुशल चित्रकार और आधुनिकतावादी और बेहद साहसी फोटोग्राफर भी थे। उन्होंने अनेक नग्न चित्र भी खींचे हैं। जिनमें से दो चित्र 'रेतघड़ी' नामक उपन्यास में हैं। सन् 1984 में उनके छायांकनों की एकल प्रदर्शनी दिल्ली में हुई।

वे जीवन को भरपूर जीने वाले औघड़ व्यक्तित्व के धनी व्यक्ति थे। एक लेख में भारत में उनकी बेटी मधु जी ने लिखा कि उन्होंने 55 साल की उम्र में आठ सौ सीसी की बड़ी भारी मोटरसाईकिल खरीदी उसका बेहद कठिनाई से मिलने वाला लाइसेंस लिया। और अपना यह शौक पूरा किया। वे घुम्मकड़ भी बहुत थे। उन्होंने लगभग पूरा लैटिन अमरीका घूम रखा था। इसके लिए उन्होंने स्पेनिश भी सीखी

और इस भूगोल से जुड़ा एक उपन्यास भी लिखा–'और किसी सुबह' (लेखक के परिचय में किताब का नाम हर जगह 'किसी और सुबह' लिखा है और किताब पर शीर्षक है 'और किसी सुबह')।

जापान आने के बाद मैं अक्सर ही साथी शिक्षकों से मालवीय जी के बारे में कुछ न कुछ सुनता ही रहा हूँ। उनसे मिलने का मेरा बहुत मन था। कई बार मेल द्वारा उनसे बात भी हुई। फ़ोन पर भी एकाध बार संवाद हुआ। वे जापान की धर्मनगरी माने जाने वाले राज्य क्योतो के कामेओका शहर के एक गाँव में रहते थे। मेरे द्वारा मिलने आने के लिए कहने पर हमेशा कहते–"इतनी दूर कैसे आओगे? रहने दो।" मैं जापान में इतना नया और साथ में यात्राभीरू था और अब भी हूँ कि उनकी बातें मानता रहा। जापान में एक साल बीत जाने के बाद उनकी बेटी तारा जी से एक संस्थान में मुलाकात हो गयी। उनसे मालवीय जी की मेल आईडी लेकर उनको मेल किया। मेल भेजने के अगले ही दिन 15 अप्रैल, 2018 को उनका पहला मेल आया।

"प्रियवर,

मुझ बनवासी को आपने याद किया, आभारी हूं। इटावा वाले देव कवि का काव्यकोश सम्पादित करने में पिछले कई दशकों से लगा हुआ हूँ। 2 लाख 16 हज़ार शब्द हैं। कितना अधूरा छोड़ जाता हूँ, देखना है। पुराने काव्य में आपकी रुचि अगर हो तो लाभान्वित होना चाहूँगा।

इस काम के पीछे कहीं आता-जाता नहीं। आयु के चरण ही आगे बढ़ते जाते हैं।

श्रीमतीजी से मेरा सादर अभिवादन कहना न भूलें।

लक्ष्मीधर मालवीय"

देव काव्य, ब्रजभाषा और कोशविज्ञान में मेरी शून्य गति होने की मैंने बात कही। अपनी अल्पज्ञता के बावजूद मालवीय जी से मिलने की अपनी इच्छा मैं उनसे बार-बार दुहराता रहा। मैंने कोश के काम को देखने और उनके कुछ काम आने की इच्छा व्यक्त की तो उन्होंने देवकाव्य कोश के कुछ पन्ने भेजे। 15 अप्रैल 2018 को ही उन्होंने दूसरा संक्षिप्त मेल भेजा।

"बंधुवर,

तत्काल आपके सिर पर हाथ रख रहा हूँ, भस्मासुर का। साथ में कोश के चन्द पन्ने नमूने के। देखें। आशा है मनोरंजन होगा।

मा."

आशीर्वाद के हाथ को भी भस्मासुर का हाथ कहना, उनका अपना तरीका था। वे मानते थे कि हितैषी व्यक्ति जरूरी नहीं कि मनोहारी बातें बोले। वे 'हितम् मनोहारि च दुर्लभं वच:' की सूक्ति मानने वाले व्यक्ति भी थे। भारवि के किरातार्जुनीय की यह चर्चित सूक्ति उन्होंने एक मेल में भी मुझे भेजी थी।

अगले महीने यानी मई 2018 में मैंने मालवीय जी से ओसाका विश्वविद्यालय में हिन्दी-शिक्षकों के इतिहास के बारे में पूछा तो उन्होंने यह मेल किया। 84 साल की उम्र में वे मेरी यह इच्छा पूरी कर भी कैसे सकते थे! 12 मई 2018 को उन्होंने मेल किया–

"प्रिय बंधु,

रक्तचाप के मारे तेज़ चक्कर, घर के भीतर ही चलना कठिन है।

जिद निभाने के लिए सुबह कुर्सी पर, कोश का एक ही शब्द आगे बढ़ाने में ही सारी शक्ति क्षीण हो जाती है।

क्षम्य हूँ।

लक्ष्मीधर मालवीय"

इस मेल के बाद मुझे अपनी गलती का एहसास हुआ। लगभग पाँच महीने बाद मालवीय जी का अगला मेल आया। 6 अक्टूबर 2018 को उन्होंने मुझसे तोक्यो में भारतीय दूतावास के विवेकानन्द सांस्कृतिक केंद्र के निदेशक डॉ. सिद्धार्थ सिंह जी का जिक्र किया। वे मालवीय जी से मिलकर उनका साक्षात्कार करना चाहते थे। वे (डॉ. सिद्धार्थ सिंह जी) मुझे भी इस साक्षात्कार में शामिल करना चाहते थे। वह साक्षात्कार भी न हो सका। इसी मेल में उन्होंने डॉ. सिद्धार्थ सिंह जी का मेल आईडी पूछी। साक्षात्कार के लिए कोई सुगम तरीका वे आगे बताते लेकिन उसका समय नहीं आ पाया। 6 अक्टूबर 2018 को उन्होंने लिखा था–

"प्रियवर

आशा है, सपरिवार सानन्द हैं।

"कल तोक्यो से विवेकानन्द केन्द्र के प्रधान का फ़ोन आया था। उन्हें मैंने अपना ईमेल का पता दिया, उसमें मुझसे कहीं चूक तो नहीं हो गयी। कृपया उनका पता मुझे दे दें। वह आपको माध्यम बनाकर मेरा इंटरव्यू जैसा कुछ करना चाहते हैं। इससे सुगमतर मार्ग है, बाद में सुझाऊँगा।

लक्ष्मीधर मालवीय"

आगे तीन दिन बाद 9 अक्टूबर 2018 फिर एक मेल आया। मैंने मालवीय जी से उनके बचपन से लेकर अब तक के जीवन के बारे जानने की जिज्ञासा व्यक्त की थी। उनका मेल आया। साथ में एक लेख बनारस में अपने बचपन के बारे में भेजा। 9 अक्टूबर 2018 को उन्होंने लिखा-

"बनारस और मेरे बाल्यकाल में आपको जिज्ञासा थी। सो यह लेख। हितम मनोहारि च दुर्लभं वच:"

लेख का शीर्षक था–शव का काशी। जीवन की सीख देते हुए किरातार्जुनीय में लिखा भारवि का यह श्लोक भी लिखा। 'शव का काशी' लेख जितना मालवीय जी के बनारस के जीवन पर है उससे अधिक बनारस की उस सांस्कृतिक विपन्नता के बारे में भी है जो अपने इतिहास को संजोकर रखने में महान असमर्थ है। इस लेख पर कुछ विस्तार से आगे बात की जायेगी।

इस मेल के बाद वर्ष 2019 के नववर्ष की शुभकामनाओं के साथ मैंने मालवीय जी को मेल किया। उसी दिन उनका मेल आया। मुझे उनके इसी मेल का इतने दिनों से इंतजार था। जापान में आप बिना किसी की इच्छा से नहीं मिल सकते हैं। इसलिए मुझे मालवीय जी से मिलने के लिए उनकी इजाज़त का इंतजार था। इस लेख में उन्होंने शीत ऋतु बीत जाने पर मिलने आने की बात कही। जापान में सर्दियाँ काफी लम्बी होती हैं। अक्टूबर से शुरू होकर लगभग मई महीने तक सर्दियाँ रहती हैं। मई या जून से ही गर्मी शुरू होती है। समुद्र में या ठण्डे पानी से नहाने लायक गर्मी तो अगस्त में आ पाती है। खैर मुझे उनके अगले मेल और शीत बीत जाने का इंतजार था। उनका यह मेल 2 जनवरी 2019 को आया था। पहले उसे पढ़ लेते हैं–

"शीत का मौसम बीते तो अवश्य पधारें। अभी कल तारा से आपकी चर्चा कर रहा था।"

तारा मालवीय जी की तीसरी और सबसे छोटी बेटी हैं। उनकी दो बेटियाँ भारत में हैं। जापानी पत्नी अकिको जी से उन्हें एक बेटा और एक बेटी हैं। उनकी बेटी तारा जी ओसाका विश्वविद्यालय में ही हिन्दी पढ़ती थीं। और ओनोहारा में मेरे निवास के पास एक संस्थान में नौकरी करती हैं। जहाँ मैं और मेरी पत्नी रूपा जी जापानी सीखने कभी-कभार चले जाते हैं। वहीं तारा जी से परिचय हुआ और मित्रता हुई। वे अपने पिता जी का हाल-समाचार अक्सर देती रहती थीं।

सर्दियाँ ख़त्म होने का इंतजार बहुत लम्बा हो गया। साल 2019 की जापान की सर्दियाँ ज़्यादा ही लम्बी हो गयीं। और अचानक भारत से डॉ. रामप्रकाश द्विवेदी

जी द्वारा यह दुखद ख़बर मिली कि मालवीय जी नहीं रहे। (डॉ. रामप्रकाश द्विवेदी जी दिल्ली विश्वविद्यालय के डॉ. भीमराव अम्बेडकर महाविद्यालय में हिन्दी के अध्यापक हैं।) मालवीय जी से अब कभी मिलना नहीं हो सकेगा!

मालवीय जी की बेटी तारा जी से परिचय हुआ तो साल 2018 में मेरे निवास पर आयीं। यह पहले उनका ही घर था। आयीं तो पिता मालवीय जी की अनेक बातें कीं। एक वीडियो दिखाया। उसमें अपने घर के पास मालवीय जी टहल रहे हैं। काफी कमजोर और बूढ़े लग रहे हैं। जापान में अस्सी-पचासी साल में भी कोई बूढ़ा और कमजोर नहीं लगता है। जापान में अधिकतर लोग उम्रखोर होते हैं अपनी उम्र से काफी कम का लगना जापानी लोगों और यहाँ रहने वालों की खास विशेषता है। इसलिए मालवीय जी कुछ ज़्यादा ही कमजोर लगे।

वे कमजोर भले दिखने लगे हों लेकिन वे अशक्त नहीं थे। अन्तिम दिनों में भी अपने लिए भारतीय खाना ख़ुद पकाते थे। पत्नी का बनाया खाना तो खाते ही होंगे लेकिन उनकी बेटी ने बताया कि वे रोटी और भारतीय खाना अब ख़ुद बनाते हैं। कितनी भी ठंड या गर्मी हो सुबह सात बजे अपने कम्प्यूटर के सामने बैठकर काम करना शुरू कर देते थे। वे स्वभाव के बहुत जिद्दी थे। यह बात उनकी बेटी तारा जी अक्सर ही कहती हैं।

जापान के निचाट अकेलेपन को उन्होंने अपनी जीवनशैली और निरन्तर पढ़ने की वृत्ति से ही परे रखा होगा। यहाँ अधिकतर वृद्ध अकेले रहते और अकेले ही मरते हैं। जिसे जापानी में 'कोदोकुशी' कहते हैं। इस विषय पर एकबार मालवीय जी की एक छोटी-सी टिप्पणी पढ़ने को मिली थी। मृत्यु के क्षणों में भी कोई आसपास न हो ऐसी लाचारी अनेक जापानी वृद्ध-वृद्धाएँ भोग रहे हैं। लेख इसी लाचारी पर था। साथ ही कोई पड़ोसी किसी को न बुलाता है न आता है। पचीसों साल एक ही दीवार की दूरी भी यहाँ लोग बनाए रखते हैं। इसे निजता की सबसे ऊँची अवस्था भी कह सकते हैं। लेकिन यह निजता अनेक बार किसी शाप की तरह भी लगने लगती है। उनकी यह टिप्पणी अंग्रेजी में डान (Dawn) समाचारपत्र में छपी एक ख़बर में टिप्पणी रूप में 10 अप्रैल 2015 को छपी थी।

मालवीय जी अभी पचासी साल के थे। लेकिन वे अपने चचेरे भाई और अन्य परिजनों से यही कहते कि नब्बे साल तो जिऊँगा ही। यह उनकी जिजीविषा ही थी, जो वे ऐसा कहते थे।

मालवीय जी ने अपनी ज़िन्दगी अपनी शर्तों और तरीकों से जी। उसे बेझिझक लिखा। आप उनके लिखे और जिए जीवन को जानें यही इस लेख का ध्येय है। मैंने मालवीय जी पर लिखा हुआ बिलकुल न के बराबर पढ़ा है। ओम थानवी जी और मधु मालवीय जी के ही छोटे-छोटे दो लेख पढ़े हैं।

कागज के सारस

बहुत साल पहले की बात है। जापान के हिरोशिमा नामक शहर में एक लड़की रहती थी। उसका नाम सादाको सासाकी था। उसका जन्म 7 जनवरी 1943 को हुआ था। 6 अगस्त 1945 को जब अमरीका ने जापान के हिरोशिमा शहर पर परमाणु बम गिराया तब सादाको सिर्फ़ दो साल सात महीने की थी। वह बम फटने की जगह से दो किलोमीटर भी दूर नहीं थी। परमाणु बम के कारण हिरोशिमा के हजारों लोग पलक झपकते ही मर गये। परमाणु बम के असर से बाद में लाखों लोगों के मरने की बात सभी कहते हैं।

धमाके के बाद दो साल की सादाको को जब उसकी माँ ने देखा तो उसे कोई चोट नहीं लगी थी। उसके शरीर पर खरोंच का भी कोई निशान नहीं था। यह कैसे हुआ? यह किसी को नहीं मालूम है। यहाँ हम उसी प्यारी सी बच्ची सादाको सासाकी के बारे में बात करेंगे।

जापानी लोग बहुत हिम्मती और ईमानदार होते हैं। वे अपने ऊपर हुए इतने बड़े हमले के बाद फिर से खड़े हो गये। उन्होंने टूटे हुए घरों और इमारतों को फिर से बना लिया। सभी जापानी एक दूसरे की ख़ूब सहायता भी करते हैं। वे ख़ूब किताबें पढ़ते हैं और खाली बैठना पसन्द नहीं करते हैं। जापान के सभी लोग ख़ूब खेलते और ख़ुश रहते हैं। वे अपने दुःख को याद कर बार-बार दुखी नहीं होते हैं। इसलिए कई लोग परमाणु बम गिराए जाने के लिए ही हिरोशिमा और नागासाकी को नहीं याद रखना चाहते हैं। वे इस महा दुःख की घटना को दुनिया में शान्ति लाने की इच्छा के रूप में याद करना ज़्यादा पसन्द करते हैं।

जब सादाको छह साल की हुई तो वह स्कूल जाने लगी। उसे पढ़ाई के साथ-साथ और जापानी लड़कियों की तरह खेलना भी ख़ूब पसन्द था। उसे खेल में दौड़ना बहुत अच्छा लगता था। वह पूरी तरह स्वस्थ और ख़ुशदिल लड़की थी। उसके सभी दोस्त उसे बेहद पसन्द करते थे। उसके बिना स्कूल की दौड़ पूरी ही

नहीं होती थी। जापान में सभी विद्यार्थी एक-दूसरे के बहुत अच्छे सहयोगी भी होते हैं। अगर कोई विद्यार्थी किसी जगह गिर जाता है तो सभी उसकी मदद करते हैं। वे अपने साथियों को साथ लेकर आगे बढ़ते हैं। वे एक-दूसरे को नीचा दिखाने को बिलकुल भी पसन्द नहीं करते हैं। ऐसे ही दोस्त सादाको के थे।

जब सादाको ग्यारह साल की हुई तो एक दिन रिले दौड़ में उसने हिस्सा लिया। उस दौड़ के बाद की तस्वीर देखने को मिलती है। वह अपने दोस्तों के साथ बैठी हुई है। इस तस्वीर में उसके साथ नौ और दोस्त दिख रहे हैं। पीछे शायद स्कूल की इमारत है। इस दौड़ में उनके दल को पहला स्थान मिला। यह तस्वीर सन् 1954 की है। इसमें उसके साथ तोमिको कावानो नाम की उसकी सबसे अच्छी सहेली भी है।

इस दौड़ के बाद अचानक उसे बहुत थकान हुई। माता-पिता और उसने सोचा कि शायद यह थकान दौड़ने की वजह से होगी। लेकिन यह थकान बढ़ती ही गयी। उसके पाँवों में भी लाल-लाल धब्बे से दिखने लगे। कान और गर्दन के पास सूजन भी आ गयी। उसे अस्पताल ले जाया गया। डॉक्टरों ने उसकी जाँच की। जाँच के बाद मालूम चला कि उसे कैंसर है। इसे डॉक्टरों ने ल्यूकेमिया नामक बीमारी बताया। इस बीमारी में सफ़ेद रक्त कोशिकाएँ बहुत ज़्यादा बढ़ जाती हैं।

इलाज के लिए अब उसे अस्पताल में ही रहना था। तब कैंसर जानलेवा रोग था। अब भी इसका इलाज बहुत आसान नहीं है। इसका कोई इलाज उस समय जापान या दुनिया में कहीं नहीं था। अब कैंसर से अनेक लोग बच भी जाते हैं। लेकिन पहले ऐसा नहीं था। कैंसर का दूसरा मतलब मरना ही था। सादाको को स्कूल जाना और खेलना बहुत पसन्द था। लेकिन डॉक्टरों ने उसे अब अस्पताल में भर्ती कर लिया था। परमाणु बम का असर उस पर दस साल बाद कैंसर के रूप में दिख रहा था।

जब परमाणु बम हिरोशिमा और नागासाकी पर छह और नौ अगस्त 1945 को गिराया गया था तो उसके बाद बारिश भी हुई थी। जो लोग उसी दिन नहीं मरे वे अपने घावों और परमाणु विकिरण के कारण कई दिन बाद मरे। ऐसे लोगों के लिए जो परमाणु बम के हमले के शिकार हुए उन्हें जापानी भाषा में हिबाकुशा कहा जाता है। सादाको जापान की सबसे प्रसिद्ध हिबाकुशा मानी जाती है।

अब सादाको अपने घर और स्कूल जाने के लिए रोती थी। ऐसे अकेले पड़े-पड़े उसे अपने दोस्त याद आते थे। एक दिन अस्पताल में उसकी दोस्त चिजुको उससे मिलने आयी। चिजुको ने सादाको को एक कहानी सुनाई। उस कहानी में यह बताया गया था कि जो व्यक्ति कागज को मोड़कर एक हज़ार सारस बना लेते हैं,

वे मरते नहीं हैं। सारस पक्षी जापान में बहुत प्रसिद्ध और पवित्र माना जाता है। जापानी लोक कथाओं में सारस की कहानी बहुत पसन्द की जाती है। ऐसा माना जाता है कि सारस हजार साल जिन्दा रहता है। लेकिन यह सच नहीं है, केवल कुछ लोगों का विश्वास भर है।

जापान में कागज को मोड़कर खिलौने के आकार में बदलने को ओरिगामी कहा जाता है। यह कला बड़ी सुन्दर मानी जाती है। अब सादाको ने सोचा कि उसे मरना नहीं है तो कागज के हज़ार सारस जरूर बनाने चाहिए। उसे स्कूल जाना और खेलना इतना पसन्द था कि वह मरना नहीं चाहती थी। लेकिन कैंसर की बीमारी में सब लोग जानते थे कि मरना तय है।

सादाको अब अस्पताल में दिन-रात कागज के सारस बनाती रहती थी। उसके शरीर में इतनी ताकत नहीं बची थी कि वह बहुत मेहनत कर सके। और न ही उसके पास बहुत कागज होते थे। कई बार वह बाथरूम में रखे कागजों से भी सारस बना डालती थी।

रोज कागज के सारस बनाते-बनाते उसने पाँच सौ ओरिगामी बना लिए। अब उसकी कुछ तबीयत अच्छी लगने लगी। उसके माता-पिता रोज उससे मिलने आते थे। उसे कागज के सारस बनाते और उसके भीतर जीने की इच्छा देखते थे। वे यह सब देखकर अपनी लाचारी और बेटी के दुःख को देखकर बहुत दुखी होते थे। जब उसने पाँच सौ सारस बना लिए और उसकी तबीयत कुछ अच्छी दिखी तो डॉक्टरों ने सादाको को घर जाने की इजाजत दे दी। उसे लगा कि वह अब ठीक हो गयी है। लेकिन जल्दी ही वह फिर से बीमार हो गयी।

अब उसने बाकी बचे पाँच सौ सारस जल्दी से बनाने शुरू कर दिये। उसमें जीने की इतनी इच्छा थी कि वह इस बात पर मरते दम तक विश्वास करती रही। उसकी उम्र भी इतनी कम थी कि वह कागज के हज़ार सारस और अमर हो जाने बात को झूठ नहीं मान सकती थी।

वह रोज सुबह उठते ही कागज के सारस बनाना शुरू कर देती और देर रात तक बनाती रहती। कागज के सुन्दर सारस बनाने की कला इतनी आसान नहीं है कि एक दिन में चाहे जितने सारस बन जायें। बल्कि उसे बनाने में बहुत समय लगता है। सादाको को भी बहुत समय लगता था। लेकिन वह जीना चाहती थी। स्कूल जाना चाहती थी। दोस्तों के साथ खेलना और ख़ूब दौड़ना चाहती थी। लेकिन उसकी इच्छी पूरी न हो सकी। एक दिन वह सारस बनाते-बनाते ही कैंसर के कारण मर गयी। उस दिन तक सादाको सासाकी ने कुल छह सौ चौवालीस सारस ही बना पाये

थे। 25 अक्टूबर 1955 को बारह साल की उम्र में जीने की इच्छा से भरी सादाको मर गयी।

उसके मरने की वजह कैंसर था। कैंसर का कारण परमाणु विकिरण था। परमाणु विकिरण का कारण वह बम था जिसका नाम लिटिल बॉय था। लिटिल गर्ल सादाको के मरने का कारण वह लिटिल बॉय नाम का परमाणु बम था।

जब आप कभी जापान के हिरोशिमा शहर में हिरोशिमा शान्ति उद्यान, उस खंडहर इमारत और परमाणु बम प्रदर्शनी को देखने जायेंगे तो आपको वहीं सादाको की मूर्ति और उसके कागजी सारस देखने को मिलेंगे। उसके मरने के दो साल सात महीने बाद हिरोशिमा शान्ति उद्यान के पास ही 'चिल्ड्रेन पीस मोन्युमेंट' बनाया गया। इसे बनाने में नौ देशों के हजारों स्कूलों ने आर्थिक मदद दी। सादाको के दोस्तों ने उसे हमेशा-हमेशा के लिए अमर कर दिया। हर साल लाखों लोग यहाँ आते हैं। दुनिया भर से सादाको के लिए कागज के असंख्य सारस भेजे जाते हैं।

सादाको के भाई ने इस कहानी के प्रचलित हो जाने के बाद कहा कि उसने छह सौ चौवालीस नहीं एक हजार चार सौ सारस बना लिए थे। सादाको पर कई देशों में किताबें भी लिखी गयी हैं। फ़िल्में भी बनी हैं। आपको भी सादाको के बारे में जानना चाहिए। हिरोशिमा और नागासाकी पर गिराए गये परमाणु बम के बारे में भी जानना चाहिए।

जापानविद डोनाल्ड लारेंस कीन

18 जून 1922 को अमरीका के न्यूयॉर्क शहर में डोनाल्ड कीन का जन्म हुआ। 24 फरवरी 2019 को जापान के तोक्यो शहर में उनका निधन हो गया। वे छियानवे साल के थे। आठ साल पहले सन् 2011 में वे अमरीका छोड़ जापान में ही बस गये थे। और 2012 में उन्होंने जापानी नागरिकता ले ली थी।

लेकिन जापान के लिए उनका प्रेम और लगाव इन पंक्तियों में नहीं दिखता है। वे जापानी साहित्य के श्रेष्ठ हिस्से को अंग्रेजी के पाठकों के पास ले जाने वाले प्रमुख विद्वान थे। जापानी साहित्य में क्लासिक का दर्जा हासिल कर चुकी किताब 'टेल ऑफ़ गेंजी' का उन पर बड़ा असर पड़ा। जिसे सामान्य तौर पर दुनिया का पहला उपन्यास भी अनेक लोग मानते हैं। उन्होंने एक साक्षात्कार में कहा कि इस उपन्यास की दुनिया और मेरे आसपास की दुनिया बिलकुल अलग थी। उन्होंने अमरीका और जापान के बीच सबसे ख़राब सम्बन्धों की स्थिति में भी जोड़ने का काम किया। वे युद्ध के ख़िलाफ़ थे और शान्ति के प्रवक्ता थे।

वे जापान-वेत्ता के रूप में विख्यात थे। जिन्होंने जापानी समाज सम्बन्धी व्यापक लेखन किया। जापान के वर्तमान स्वरूप से पहले जो तरक्की जापान ने की उसके लिए जापानी लोग मेइजी शासन् को श्रेय देते हैं। मेइजी की जीवनी भी अंग्रेजी में डोनाल्ड कीन ने लिखी। जापानी साहित्य के इतिहास पर अंग्रेजी भाषा में विशद कार्य किया। अनेक प्राचीन और नये लेखकों को पश्चिम के पाठक तक कीन ने ही पहुँचाया। उनके साहित्य और संस्कृति के लिए किये गये काम के लिए उन्होंने जापान के अनेक महत्त्वपूर्ण सम्मान मिले।

जब वे कोलंबिया विश्वविद्यालय में अपने अध्यापकीय जीवन से मुक्त हुए तो अमरीका छोड़ जापान में ही बस गये। 2011 में जापान में बड़ा भूकम्प आया। अनेक लोग जापान छोड़ गये। ऐसे में डोनाल्ड कीन ने जापान में ही रहने और दफ़न होने का इरादा किया।

उन्होंने न केवल जापानी से अंगेजी भाषा में अनेक पुस्तकों का अनुवाद किया बल्कि अंग्रेजी से भी अनेक पुस्तकों को जापानी भाषा में अनूदित किया। स्वतन्त्र रूप से भी जापान विषयक अनेक पुस्तकें डोनाल्ड कीन ने लिखीं। वे दोनों भाषा समाज में एक तरह से पुल की तरह थे। वे दो भाषाओं के बीच ही नहीं दो संस्कृतियों के बीच एक मज़बूत पुल थे। उनके न रह जाने के बाद भी दोनों भाषा समाज के लोग अनन्त काल तक इस पुल से एक दूसरी संस्कृतियों के बीच आने जाने का सुख लेते रहेंगे।

हिन्दी में जापान सम्बन्धी ज्ञान का भरपूर अभाव है। जापानी भाषा-समाज और संस्कृति को जानने वाले और हिन्दी समाज से वास्तव में जुड़े किसी विद्वान की पूरे समाज को ज़रूरत है।

क्या आपने रास बिहारी बोस का नाम सुना है?

अधिकतर भारतीयों को जापान के सिलसिले में नेताजी सुभाष चन्द्र बोस का नाम ही मालूम है। भारत में रहते हुए मुझे भी यही लगता था। मैंने भी रास बिहारी बोस से ज़्यादा सुभाष चन्द्र बोस का ही नाम ज़्यादा सुना था। लेकिन जापान में नेताजी के पूर्ववर्ती बोस रास बिहारी बोस जन-मन में छाए हुए हैं। इसके अनेक कारण हैं। पहला कारण है कि वे यहाँ लगभग तीस साल रहे। दूसरे उन्होंने जापान को भारत की 'असली इंडियन करी' का तोहफा दिया। जिसे सम्भवत: अधिकांश जापानी पसन्द करते हैं।

भारत में भी उन्होंने अनेक ऐतिहासिक कार्य किये थे। जिन्हें भुलाया नहीं जा सकता है। लेकिन फिर भी वे भारतीय इतिहास में कम उल्लेखनीय होते गये। इसके न जाने क्या कारण रहे हैं। उन्होंने भारत में रहते हुए बंग-भंग के विरोध में 1905 में आन्दोलन किया था। जब उनकी उम्र उन्नीस साल की ही थी। इसके बाद ग़दर पार्टी, लाहौर षड्यंत्र, चाँदनी चौक में 1912 में वाइसराय लार्ड हार्डिंग के ऊपर बम फेंकने में शामिल होने जैसे अनेक उग्र राष्ट्रवादी कार्य उन्होंने किये। फिर भी वे लगातार भुलाये जाते रहे हैं। वे आजीवन अपने हिंसक तरीके से भारत को आज़ाद करवाने के अनेक कार्य करते रहे। सरकार ने उन्हें पकड़ने की कोशिश की तो वे नकली पासपोर्ट के सहारे जून 1915 में जापान भाग आये।

आज से लगभग एक सौ चार साल पहले रास बिहारी बोस अंग्रेजों से बचते हुए जापान पहुँचे थे। संकट की घड़ी में जापान ने न केवल उन्हें शरण दी बल्कि जापान सरकार से उन्हें तीन महीने छिपाया। इस कार्य में जापान के राष्ट्रवादी नेता मित्सुरू तोयामा का नाम बेहद उल्लेखनीय है। उन्होंने नाकामुराया बेकरी के मालिक आइज़ो सोमा और उनकी पत्नी कोक्को सोमा की मदद से बोस को साढ़े तीन महीने अपने कारखाने में छिपाने के लिए राजी कर लिया। बाद में चलकर इस परिवार से बोस का अटूट रिश्ता बन गया। लेकिन फिर भी यह रहस्य जैसा लगता है कि बोस

जापान आते ही इतनी जल्दी कैसे जापानियों के इतने प्रिय हो गये? यह मेरे लिए किसी पहेली से कम नहीं है। जापानी समाज इतना अन्तर्मुखी और धीरे-धीरे सम्बन्ध बनाने वाला समाज है कि बोस की अपार और आश्चर्यजनक लोकप्रियता का कारण समझ में नहीं आता है। वे जिस परिवार की मदद से जापान में छिपे वह बेकरी व्यवसायी का परिवार था। अब तो वह जापान का बहुत बड़ा ब्राण्ड है। नाकामुराया ब्रांड बेकरी ही नहीं बल्कि बोस द्वारा जापान को दी गयी 'इंडियन करी' का भी बड़ा विक्रेता है। जापान भर में और तोक्यो के शिन्जुकू नामक स्थान पर उनकी बहुत बड़ी दुकानें हैं। जिसमें 'इंडियन करी' के साथ बोस की भी चर्चा होती है। लेकिन यह तो उनकी लोकप्रियता का केवल एक पक्ष है। वे और किन कारणों से जापान में इतने लोकप्रिय कैसे हुए?

जिस परिवार में वे रुके उसी परिवार के वे आगे चलकर दामाद बने। जापान आने के तीन साल बाद 1918 में तोशिको से उन्होंने शादी की। इस समय बोस की उम्र लगभग बत्तीस साल थी और तोशिको उन्नीस साल की थीं। शादी के पाँच साल बाद 1923 में उन्होंने जापान की नागरिकता ले ली।

जापान में भी उन्होंने अपने राष्ट्रीय कार्यों को जारी रखा। इंडियन नेशनल लीग की स्थापना के साथ साथ इंडियन नेशनल आर्मी की स्थापना से भी वे जुड़े। जिसकी बागडोर बाद में नेताजी सुभाषचन्द्र बोस को उन्होंने ही दी थी। अपने देश की आजादी और वहाँ लौटने के अपने सपने को वे आजीवन पूरा करने का प्रयास करते रहे। जापान में वे लगभग तीस साल रहे। यहीं उनकी मृत्यु भी हुई। टीबी की बीमारी ने उन्हें जब तक बिस्तर पकड़ने पर मजबूर नहीं कर दिया तब तक वे भारत की आजादी और भारत-जापान के सम्बन्ध की बुनियाद और मजबूत करने का कार्य करते रहे।

हजारों सालों से बौद्ध धर्म के कारण भारत और जापान का आध्यात्मिक सम्बन्ध बना हुआ है उसे आत्मीयता से भरने का काम समय-समय पर अनेक भारतीयों ने किया। रास बिहारी बोस जापान में आने-रहने वाले हम जैसे अनेक भारतीयों के पुरखे हैं। उनकी तैयार की गयी जमीन इतनी उर्वर है कि जापान में भारतीय भोजन की लोकप्रियता दिनों-दिन बढ़ती ही जा रही है। इसी के चलते भारत ही नहीं अन्य देश के लोगों की भारतीय खाने की सैंकड़ों दुकानें हैं। जिनमें अनेक भारतीय उपमहाद्वीप के लोग हैं तो अनेक जापानी भी हैं। भारतीय खाना जापानी स्वाद से बहुत भिन्न, काफी तीखा और मसालेदार होने के बावजूद बेहद पसन्द किया जाता है।

रास बिहारी बोस ने केवल 'इंडियन करी' ही नहीं बल्कि भारतीय संस्कृति के एक और पक्ष को भी जापानी समाज से अवगत करवाया। सम्भवत: पहले-पहल रामायण का अनुवाद एक जापानी विद्वान युसुके तकादा के साथ मिलकर जापानी में किया। वे जापानी भाषा वे अच्छे जानकार हो गये थे। ऐसा विचार प्रचलित है। लेकिन मैं जापानी भाषा की किताबें नहीं पढ़ सकता इसलिए इस बारे में आधिकारिक रूप से कुछ नहीं सकता। जापानी भाषा में रास बिहारी बोस पर अनेक किताबें उपलब्ध हैं। यह उनकी जादुई लोकप्रियता के कारण ही है जिसका आरम्भिक और बुनियादी कारण नहीं समझ आता है।

रास बिहारी बोस की दो संतानें हुईं। एक बेटा और एक बेटी। बेटा दूसरे विश्व युद्ध में फ़ौज में लड़ते हुए शहीद हुआ। 1925 में ही उनकी पत्नी की न्यूमोनिया से मृत्यु हो गयी थी। बोस जापान में 'नाकामुरा नो बोस' के नाम से ही पुकारे जाते हैं। जिसका अर्थ है–नाकामुरा के बोस।

जापान में रहते हुए अनेक भारतीयों से उनकी मुलाकातें हुईं। टैगोर जब जापान आये तो बोस से मिले। वे जापान में टैगोर के सम्बन्धी के रूप में ही प्रियनाथ टैगोर के नाम से दाखिल हुए थे। सुभाषचन्द्र बोस से 1943 में जापान में उनकी मुलाकात हुई। जापान से वे भारत के बहुत नजदीक तक गये। जहाँ उनकी मुलाकात भारतीयों से हुई। लेकिन वे अपनी जन्म भूमि न लौट सके और न उसकी आजादी ही देख सके। जापान में ही 21 जनवरी 1945 के दिन उनकी मृत्यु हो गयी। मृत्यु से पहले जापान सरकार ने मेईजी शासन् में शुरू किये गये दूसरे सबसे बड़े सम्मान से सम्मानित किया गया।

गांधी और उनके तीन (चीनी या) जापानी बन्दर

गांधी जी के तीन बन्दरों का किस्सा हम सभी ने अपनी बुनियादी तालीम के दिनों में पढ़ा और सुना है। एक तस्वीर जिसमें तीन बन्दर मौजूद हैं। जिसमें एक बन्दर ने अपने मुँह पर हाथ रखा है। दूसरे ने अपने कानों पर और तीसरे ने अपनी आँखों पर हाथ रखा है। जो 'बुरा न बोलो, बुरा न सुनो और बुरा न देखो' की नैतिक शिक्षा हमें देते हैं। यह तस्वीर और शिक्षा भारत भर में प्रचलित है। इसे सब लोग गांधी जी के तीन बन्दर के नाम से जानते हैं। यह नैतिक शिक्षा अमल में कितनी आयी इस पर अलग से भी बात कर सकते हैं। आगे चलकर जब गांधी जी के अनुयायियों को गांधी के विचारों से अलग या उलट आचरण करते हुए लोगों ने देखा तो उन्हें दुख भी पहुँचा। इसी दुख को व्यंग्य के रूप में बयान करते हुए बाबा नागार्जुन ने इन तीनों बन्दरों पर एक कविता भी लिखी। कविता उन लोगों पर चोट करती है जो गांधी जी का नाम अपने लाभ के लिए लेते हैं। कविता काफी लोकप्रिय और लम्बी है। उसका एक हिस्सा है–

तीनों बन्दर बापू के
बापू के भी ताऊ निकले तीनों बन्दर बापू के!
सरल सूत्र उलझाऊ निकले तीनों बन्दर बापू के!
सचमुच जीवनदानी निकले तीनों बन्दर बापू के!
ज्ञानी निकले ध्यानी निकले तीनों बन्दर बापू के!
जल-थल-गगन-बिहारी निकले तीनों बन्दर बापू के!
लीला के गिरधारी निकले तीनों बन्दर बापू के![1]...

इस कविता को यहाँ याद करने का कारण बापू के तीनों बन्दरों की लोकप्रियता को बताना है। किसी को चोट पहुँचाने का मेरा मकसद नहीं है।

अब आते हैं विषय के दूसरे हिस्से पर। गांधी जी के प्रेमी और भारत से जुड़े किसी भी व्यक्ति के लिए जापान आकर एक मन्दिर के द्वार पर इन तीनों बन्दरों

की मूर्तियों को देखना सच में चक्कर में डालने वाला होता है। जापान में तोशोगू नामक एक मन्दिर है। यह मन्दिर तोक्यो से डेढ़ सौ किलोमीटर दूर तोचिगी राज्य (प्रीफेक्चर) में है। इस मन्दिर में अनेक दरवाजे और लकड़ी की अनेक इमारतें हैं। एक इमारत के दरवाजे के ऊपर एक जगह तीन बन्दर एक साथ लकड़ी के ढाँचे पर बनाए गये हैं। अगल-बगल की जालियों में और भी बन्दर बने हुए हैं। जापानी भाषा में इन बन्दरों के नाम मिज़ारू, किकाज़ारू और इबाज़ारू हैं। जिनका मतलब 'बुरा मत देखो। बुरा मत सुनो और बुरा मत बोलो' माना जाता है। इस मन्दिर का निर्माण सन् 1617 में हुआ था। इस मन्दिर का सम्बन्ध शिन्तो धर्म और शोगू राजा से है। जापान में बन्दर घोड़ों के रखवाले भी माने जाते हैं। इसीलिए इस मन्दिर के पवित्र अस्तबल के दरवाजे पर लकड़ियों को काट-तराशकर ये काठ की मूर्तियाँ बनाई गयी हैं।

इस मन्दिर में इन तीनों बन्दरों को देखकर तृप्ति देवदास नायक ने छह मार्च 2017 को नेशनल जियोग्राफिक ट्रैवलर इंडिया के पन्ने पर अपना अनुभव लिखा। "तोक्यो के एक मन्दिर के हिस्से में गांधी जी के तीन समझदार बन्दर क्यों मौजूद हैं?' यह ख्याल उनके साथ-साथ हर भारत वासी के मन में एक बार तो ज़रूर आता ही है। अंग्रेजी में लिखे अपने अनुभव लेख में वे लिखती हैं–"एक जगह बहुत सारे लोग खड़े हुए भूरे-कत्थई रंग के एक ढाँचे को देख रहे थे। मैंने भी ऊपर देखा। वहाँ बहुत सारे बन्दर तराशे गये थे।...अचानक मुझे लगा कि मैं तो महात्मा गांधी के तीन समझदार बन्दरों को देख रही हूँ।"[2] जिसे उन्हें चीनी यात्रियों ने दिया था। इस विषय पर अब आगे बढ़ते हैं। ऐसा माना जाता है कि चीन से इन बन्दरों के प्रतीक को जापान लाया गया था। कुछ लोग (जैसे रजनीश ओशो[3]) भारत के द्वारा चीन और एशिया के अन्य देशों में इस प्रतीक के फैलने की बात भी करते हैं। वे बन्दरों की संख्या भी चार बताते हैं और उनके द्वारा कही और प्रचलित बात को वे अपने विचार अनुसार दूसरे ढंग से व्याख्यायित करते हैं।

गांधी जी पर अनेक वर्षों से काम करने वाले कुछ लोग मानते हैं कि गांधी जी को तीन बन्दरों वाली छोटी मूर्ति किसी चीनी दल ने दी थी। जो शान्तिनिकेतन में उनसे मिलने आये थे। मुझे इसकी जानकारी गांधी वाङ्मय में खोजने पर नहीं मिल सकी है। हो सकता है मुझे यह जानकारी अपने किसी पाठक से ही मिल जाये। गांधी जी तीन बार 1915 ,1940 और फिर 1945 में शान्तिनिकेतन गये थे। जहाँ अनेक चीनी विद्यार्थियों और अध्यापकों से उनकी मुलाकातें हुई थीं। इन मुलाकातों में बन्दर

की मूर्ति का जिक्र मुझे नहीं मिला है। वर्धा में भी चीनी पत्रकार उनसे आकर मिले थे। दक्षिण अफ्रीका में भी रहते हुए चीनी नागरिकों से गांधी जी ने मिलने की बातें ख़ुद कही हैं। गांधी को समझदार बन्दरों की त्रिमूर्ति चीनी लोगों ने भेंट दी थी, यह बात लेखक बिरद राजाराम याज्ञनिक ने अपने ब्लॉग पर दी है। उनके अनुसार चीनी दल के लोगों ने गांधी जी से कहा कि हम लोग अपने देश में बहुत ज़्यादा प्रचलित एक छोटी-सी मूर्ति देना चाहते हैं। यह बच्चों के छोटे खिलौने जैसी मूर्ति हमारे लिए बड़ी महत्त्वपूर्ण है[4]। इस मूर्ति को गांधी जी ने न केवल स्वीकार किया बल्कि इसे वे हमेशा अपने पास रखते थे।

इस बात से अलग राय अहमदाबाद से छपी एक ख़बर में मिलती है। इसे कुछ मित्रों ने कम विश्वसनीय माना है। इस ख़बर के मुताबिक एक जापानी बौद्ध संन्यासी 1931 में गांधी जी से मिलने आये। उनका नाम निशि दात्सू फूजी था। वे गांधी जी से काफी प्रभावित थे और गांधी जी उन्हें फूजी गुरुजी के नाम से पुकारते थे। उन्होंने ही ये तीन बन्दर गांधी जी को भेंट किये थे[5]। गांधी जी उन्हें फूजी गुरुजी के नाम से पुकारते थे। और वे गांधी जी के अहिंसा के सिद्धान्त को बहुत मानते थे। गांधी जी ने इनका जिक्र बड़े आदर के साथ किया है। चार अक्टूबर 1933 को दो जापानी स्थविर गांधी जी से मिले। एक फूजी जी थे और दूसरे जापानी ओकोत्सू जी थे। सम्पूर्ण गांधी वाङ्मय में 'सलाह: जापानी स्थविर को'[6] शीर्षक लेख में इस भेंट का जिक्र है। लेकिन इस लम्बे लेख में भी बन्दर की त्रिमूर्ति के बारे में कुछ नहीं कहा गया है।

मित्र अव्यक्त जी ने गांधी जी के तीन भाषणों से इन बन्दरों की बातें खोज निकालीं। सबसे पहले उन्होंने 21 फरवरी 1940 को मलिकंदा में भाषण देते हुए कहा–"मुझे पता नहीं, आपको जापान के कोबे नगर के तीन बन्दरों की मूर्ति का हाल मालूम है या नहीं। उसी मूर्ति की एक छोटी-सी प्रतिकृति–एक खिलौना—किसी ने मुझे दे दिया था। उसमें तीन बन्दर हैं। एक अपना मुँह बन्द किये हुए, दूसरा आँखें बन्द किये हुए और तीसरा कान बन्द किये हुए है। वे संसार को यह उपदेश दे रहे हैं कि मुँह से बुरे वचन मत निकालो, आँखों से बुरी बातें मत देखो और कानों से गन्दी बातें मत सुनो। असहयोग का यही रहस्य है।"[7]

लेकिन मजेदार बात यह है कि चीन का जिक्र गांधी जी के तीन बन्दरों के साथ कैसे जुड़ा? जब ख़ुद गांधी जी ने ही इस बात की सूचना अपने श्रोताओं और फिर पाठकों को दे दी है तो फिर दूसरी भिन्न राय इतनी लोकप्रिय क्यों है? क्या कोई और भी सही जानकारी गांधी जी के पाठकों के पास है?

सन्दर्भ ग्रन्थ-

1. नागार्जुन रचना संचयन, संपादक राजेश जोशी, साहित्य अकादेमी, संस्करण 2012, पृष्ठ 154
2. http://www.natgeotraveller.in/why-gandhijis-three-wise-monkeys-are-part-of-a-temple-in-tokyo/
3. https://www.google.com/search?q=osho+on+three+monkeys&oq=osho+on+three+monkeys&aqs=chrome..69i57.16077j0j8&sourceid=chrome&ie=UTF8-
4. http://biradrajaramyajnik.blogspot.com/2010/04/3-monkeys.html?m=1
5. https://ahmedabadmirror.indiatimes.com/ahmedabad/cover-story/gandhis-three-monkeys-are-a-gift-from-japan/articleshow/37672682.cms
6. सम्पूर्ण गांधी वाङ्मय, खंड 56, 16-सितम्बर-1933 : 15 जनवरी -1934, प्रकाशन विभाग, भारत सरकार, संस्करण जनवरी 1974, पृष्ठ 57
7. सम्पूर्ण गांधी वाङ्मय, खंड 71, 1 दिसम्बर 1939 : 15-अप्रैल-1940, प्रकाशन विभाग, भारत सरकार, संस्करण मार्च 1979, पृष्ठ 289

गांधी जी और जापान

राष्ट्रपिता महात्मा गांधी (1869-1948) का जापान से प्रशंसा-आलोचना का सम्बन्ध रहा है। गांधी जी ने जापान के बारे में कभी थोड़ा विस्तार से और कभी केवल नामोल्लेख द्वारा विभिन्न सन्दर्भों में अनेक बार लिखा और बोला है।[1] उन्होंने इन लेखों और भाषणों में जापान के लोगों की देशभक्ति, बलिदान, विनम्रता, मेहनत, एकता, भाषा-प्रेम, शिक्षा-व्यवस्था, सहकारी संस्थाएँ, सफाई और सौन्दर्य-चेतना आदि की अनेक बार प्रशंसा की है। जापान के इन गुणों को अपनाने के लिए भारतीयों से अनुशंसा की। वहीं दूसरी ओर जापानी समाज में आ चुके पश्चिमीकरण, साम्राज्यवाद, यन्त्र-प्रियता, व्यापार के शोषणकारी तरीके आदि की आलोचना की है।

गांधी जी दुनिया भर के सुन्दर और उपयोगी विचारों के लिए अपने मन और घर की खिड़कियों को खोले रखने की पैरवी करते थे।[2] उनसे मिलने उनके पास दुनिया भर से लोग और पत्र आते थे। गांधी जी दुनियाभर के विचारों के लिए अपने आश्रम और मन के दरवाजे खुले रखते थे। कुछ ऐसा ही सम्बन्ध गांधी जी का जापान से था।

गांधी जी को जापान से समय-समय पर बहुत कुछ सीखने लायक लगा। उन्होंने उसकी प्रशंसा की और उसे अपने जीवन का हिस्सा बनाया। जापान के कई कार्यों की आलोचना भी की। इस लेख में यह देखने का प्रयास किया जायेगा कि गांधी जी किस समय जापान के किन विचारों से प्रभावित हुए?

गांधी जी ने जापान को विस्तार से इंग्लैंड में सन् 1888 से सन् 1891 के आसपास सर एडविन अर्नाल्ड (1832-1904) के लेखों के जरिये जाना।[3] इसके बाद सन् 1893 से सन् 1914 के बीच दक्षिण अफ्रीका में रहते हुए जापान की कुछेक विशेषताओं को उन्होंने जोहानिसबर्ग में एक जापानी युवक के माध्यम से अपनी आँखों से देखा और स्वाभिमान के उदाहरण के रूप में हमेशा याद रखा।[4] बाद में वे नौ जनवरी 1915 ई. को हमेशा के लिए भारत आ गये। गुजरात के कोचरब में 'सत्याग्रह आश्रम' (1915 ई. में), 'साबरमती आश्रम' (1917 ई. में)

और फिर वर्धा में 'सेवाग्राम आश्रम' (1936 ई. में) बना कर रहने लगे तो अनेक जापानी उनके पास मिलने आये और कुछ सहचर भी बने।[5] उनमें से एक प्रमुख आश्रमवासी जापानी साधु निचिदात्सू फूजी जी थे। जिन्हें गांधी जी 'फूजी गुरुजी' के नाम से पुकारते थे।[6] सन् 1915 से सन् 1948 तक अनेक जापानी लोगों ने गांधी जी से मुलाकात की।

जापानी स्वाभिमान और विनम्रता का पहला अनुभव– गांधी जी 23 मई 1893 से लेकर 19 दिसम्बर 1914 तक अफ्रीका में रहे। गांधी जी ने अफ्रीका में रहते हुए जापान के एक विद्यार्थी के व्यवहार को देखकर उसके गुणों की तारीफ एक लेख में की थी। जापान के बारे में उनका यह पहला अनुभव था। इस अनुभव का उदाहरण गांधी जी ने अफ्रीका में भारतीयों को दृढ़ और विनम्र बनाने के लिए दिया। यह जापानी विद्यार्थी जोहानिसबर्ग में एक वकील के पास किसी काम से आया था। वे वकील और पत्रकार के साथ सामाजिक कार्यकर्ता और सत्याग्रही का काम करते थे। जापानी लड़का जिस वकील से मिलने आया, वह व्यस्त होने के कारण उससे उस समय न मिल सका। वह जापानी लड़का बाहर वकील का इंतजार करने लगा। उसी समय एक अंग्रेज आया और सीधे ही वकील के कमरे में जाने लगा। यह देख जापानी लड़के ने उस अंग्रेज को रोककर कहा कि आपसे पहले मैं आया हूँ इसलिए आप मेरे बाद ही जा सकते हैं। अंग्रेज व्यक्ति ने कहा कि मुझे जरूरी काम है। उसने जापानी लड़के से पहले जाने की इजाज़त माँगी तो जापानी लड़के ने इजाज़त दे दी।[7] इस घटना का जिक्र करते हुए गांधी जी भारतीयों के मन में स्वाभिमान पैदा करना चाहते थे।

जापान के विषय में गांधी जी का सबसे पहला लेख– गांधी जी जब इक्कीस-बाईस साल के थे तब उन्होंने सर एडविन अर्नाल्ड के लेखन के माध्यम से जापान को जाना था। दक्षिण अफ्रीका में रहते हुए गांधी जी ने कई बार जापान और जापानियों का जिक्र किया। जब वे तैंतीस साल के थे, तब उन्होंने जापान विषयक पहला लेख लिखा। यह लेख उन्होंने 1903 ई. में जापान की सूतक (Quarantine) व्यवस्था के बारे में लिखा। कोई भी व्यक्ति बिना स्वास्थ्य जाँच के जापानी जमीन पर नहीं उतर सकता है। गांधी जी ने 'मेडिकल रिपोर्ट' सम्बन्धी एक लेख पढ़कर 'इंडियन ओपिनियन' के अपने पाठकों से इस व्यवस्था की ख़ूब तारीफ की थी।

जापान के बारे में 10 सितम्बर 1903 ई. में अंग्रेजी में अपने पत्र 'इंडियन ओपिनियन' में लिखा था। जापान के बारे में उनका सबसे पहला लेख ऐसे शुरू होता है–

"The alert enterprise of Japan has long been the admiration of the world. In its quarantine regulations, it equals, if not surpasses, Western countries. A writer in Medical Record says that the Japanese quarantine rules are strict, for the Chinese and Korean pestilence centers are only two or three days distance by steamer, and Japan has much commerce with the mainland."[8]

जापान के विषय में जब उन्होंने लेख पढ़ा तो उसकी सूतक व्यवस्था से प्रभावित हुए। अपने देश को बेहतर बनाने के लिए जिस श्रम और उद्यमशीलता की जरूरत है, उसे गांधी जी भारतीयों के मन में पैदा करना चाहते थे। जापानियों की 'चौकन्नी उद्यमशीलता' की प्रशंसा करने का मकसद भारतीय पाठकों के मन में जापान के अनुकरणीय कार्यों के प्रति उत्सुकता जगाने का भाव रहता है। गांधी जी सफाई पर बहुत बल देते थे, इसलिए जापान की इस व्यवस्था के बारे में जानकर उन्हें अधिक प्रसन्नता हुई। अपने देश के प्रति इस तरह से भी प्यार किया जा सकता है। जापान में किसी प्रकार की कोई बीमारी न आ पाये इसलिए सूतक की कड़ी व्यवस्था की गयी।

जापान और रूस की लड़ाई को 'राक्षसों की लड़ाई' कहा– जापान की स्वास्थ्य-विषयक चौकस व्यवस्था के बाद गांधी जी ने जापान और रूस की लड़ाई को "राक्षसों की लड़ाई" मानते हुए 11 मार्च 1905 को 'इंडियन ओपिनियन' में गुजराती में लेख लिखा। उन्होंने इसकी व्यापकता देखते हुए इसे 'इतिहास की सबसे बड़ी लड़ाई' माना। चीन के पूर्वोत्तर मंचूरिया क्षेत्र में मुकदन में यह युद्ध लड़ा जा रहा था। गांधी जी ने इसके बारे में जापान के युद्ध कौशल की तारीफ की और इसे अब तक के इतिहास की सबसे बड़ी लड़ाई बताया–

"रणक्षेत्र से जो ख़बरें आ रही हैं उनसे पता चलता है कि मुकदन के पास जापान और रूस के बीच आजकल जो लड़ाई चल रही है वह प्राचीन एवं अर्वाचीन इतिहास की सबसे बड़ी लड़ाई गिनी जायेगी।"[9]

जापान और रूस के दस लाख सैनिकों ने इस लड़ाई में हिस्सा लिया। जापान की ओर से मार्क्विस ओयामा ने इस लड़ाई का नेतृत्व किया। जापानी सैनिकों को हिम्मत और सहनशक्ति की गांधी जी तारीफ करते हैं। इस लड़ाई से हिंसा नहीं आत्म बल लेने का विचार गांधी का है। इसलिए वे रूस और जापान दोनों को हिंसा के कारण राक्षस की संज्ञा देते हैं। गांधी जी जापान के युद्ध कौशल की कम बल्कि विज्ञान, जुनून और आत्म बल की तारीफ प्रमुखता से करते हैं।

जापानी कौशल ज्यूजित्सू की तारीफ- गांधी जी ने जापानियों के आत्म बल के प्रशंसक होने के कारण मार्शल आर्ट्स की भी तारीफ की। जापान में एक ऐसा कौशल होता है जिसे ज्यूजित्सू [柔術] कहते हैं। लम्बा-चौड़ा और बड़ा शरीर ही सब कुछ नहीं होता है। उसे मजबूत करने की कला ही महत्त्वपूर्ण है। इस सम्बन्ध में गांधी जी ने ज्यूजित्सू की तारीफ करते हुए लिखा–

"शरीर के भिन्न-भिन्न जोड़ और हड्डियों पर कब क्या असर पड़ता है यह जापानी लोग बड़ी अच्छी तरह समझ सकते हैं और इसलिए वे लोग अजेय बन गये हैं।...जापानियों ने उसी बात का सम्पूर्ण शास्त्र बनाया है।...इस शास्त्र का जापानी नाम ज्यूजित्सू है।"[10]

यहाँ भी वे रूस और यूरोप के बड़े शरीर वाले लोगों से जापानियों की तुलना करते हैं। जापानी समाज ने अपने शरीर को किस प्रकार मजबूत बनाया है? इसका कारण ज्युजित्सू जैसी कलाओं में छिपा है। उन्होंने बिना हथियार के अपने शरीर के बल से भी शत्रु को पराजित करने का कौशल सीख रखा है। गांधी जी यहाँ भी हिंसा और लड़ाई के उदाहरणों में आत्म बल को प्रमुखता देते हैं। भीतरी रूप से शरीर को सबल करने की प्रेरणा ज्यूजित्सू के उदाहरण से गांधी जी अपने पाठकों और देशवासियों को देना चाहते थे।

जापानी स्वदेशाभिमान और एकता की प्रशंसा- शरीर के बाहर की तुलना में भीतर का बल प्रमुख है। यही बात गांधी जी बड़े शक्तिशाली दिखने वाले देशों पर भी लागू करते हैं। जापान जैसे छोटे से आकार के देश द्वारा रूस जैसे महादेश को हरा देने की ऐतिहासिक घटना से भारतीयों में भी जापानियों की तरह स्वदेशाभिमान और एकता पैदा करना चाहते हैं। 1905 के एक लेख में जापान द्वारा रूस को हराये जाने की घटना का विस्तृत वर्णन करते हैं। इस वर्णन में जापान की जीत का कारण क्या है? उससे हम क्या सीख सकते हैं? इस बारे में आगे इसी लेख में उन्होंने बताया–

"ऐसे महा कठिन पराक्रम का स्रोत क्या है? इस प्रश्न का उत्तर हमें बार-बार दुहराने की आवश्यकता है, और वह एक ही है–ऐक्य, स्वदेशाभिमान, मर-मिटने की चाह। इस सम्बन्ध में सभी जापानियों का उत्साह एक-सा है। इसमें कोई किसी को ज़्यादा नहीं मानता और उनमें फूट-फाट कुछ नहीं है। देश सेवा के अतिरिक्त वे और कुछ नहीं जानते।" [11]

वे अफ्रीका में रहते हुए और फिर भारत में आने के बाद भी अपने देशवाशियों के मन में स्वदेशाभिमान और एकता पैदा करना चाहते थे। 'मृत्यु का भय'

छोड़ अपने देश के हित में अपना हित जोड़ने वाले जापानी लोगों जैसी देशभक्ति भारतीयों में गांधी जी देखना चाहते थे। अपने देश के लिए मर-मिटने का भाव उपजाना चाहते थे।

अफ्रीका में इस समय अंग्रेजों के खिलाफ़ लड़ाई गांधी जी लड़ रहे थे। इस लड़ाई के लिए जिस ऊर्जा और बलिदान की ज़रूरत थी, वह भारतीयों को जापान से सीखनी चाहिए। ऐसी मान्यता गांधी जी की थी। स्वार्थ और अपने प्राणों का मोह भारतीयों की लड़ाई को कमजोर कर रहा था। जापान का उदाहरण देने का कारण बताते हुए गांधी जी ने लिखा है–

"दक्षिण अफ्रीका में जो हम तुच्छ-सी लड़ाई लड़ रहे हैं इसमें हम ऐक्य नहीं पाते हैं, फूट-फाट चलती रहती है। स्वदेशाभिमान के बदले स्वार्थ अधिक दीख पड़ता है।...यदि हम लोग जापान के उदाहरण से प्रेरणा लेकर उसका थोड़ा-सा भी अनुकरण कर सकें तो जापान के युद्ध की कहानी पढ़ने की बात फलदायक होगी।" [12]

जापान की जीत का कारण उनका स्वार्थ से ऊपर उठकर देश के लिए सोचना है। उनमें किसी प्रकार की फूट नहीं है। अपने भेदभावों को उन्होंने अपने उद्देश्य के कारण छोड़ दिया है। गांधी जी जापान और रूस की बड़ी लड़ाई के सामने अपनी लड़ाई को 'तुच्छ-सी लड़ाई' इसलिए कहते हैं कि उसमें इतने प्रयास की भी ज़रूरत नहीं है। दक्षिण अफ्रीका की लड़ाई में भी जापान की तरह स्वदेशाभिमान और स्वार्थ को छोड़ने की सीख मिले।

जापान के नमक कर हटाने की प्रेरणा और नमक सत्याग्रह– गांधी जी ने 1905 में डॉ. हचिन्सन् का उल्लेख करते हुए जापान में नमक कर के समाप्त होने की बात लिखी थी। छोटे-से इस लेख में ब्रिटिश सरकार के इस कानून को बर्बर बताया गया। इस लेख के 25 साल बाद गांधी जी ने जापान की तरह भारत में भी नमक के कानून को ख़त्म करने के लिए दांडी यात्रा (1930 में) की। उन्होंने अंग्रेजों द्वारा नमक पर लगाए जाने वाले कर का विरोध किया। जापान के विषय में गांधी जी ने हचिन्सन् के लेख का उल्लेख करते हुए लिखा है–

"भारत में नमक पर कर है, इसके विरोध में हमेशा आलोचनाएँ हुआ करती हैं। इस बार सुविख्यात डॉ. हचिन्सन् ने इसकी आलोचना की है। वे कहते हैं कि जापान में इस प्रकार का कर था, वह अब समाप्त कर दिया गया है। फिर भी ब्रिटिश सरकार इसे कायम रखती है, यह बड़ी शर्म की बात है।" [13]

इस कानून को आगे हचिन्सन् ने 'जंगली रिवाज' की संज्ञा दी है। जापान में नमक कर समाप्त हो सकता है इस बात से गांधी जी ही ने नहीं समस्त भारतीयों ने प्रेरणा ग्रहण की। जब किसी एक देश में ऐसा कानून ख़त्म होने की ख़बर किसी पराधीन देश को मिलती है तो वे भी स्वयं को ऐसे 'जंगली' कानूनों से मुक्त करने के लिए तैयार होने लगते हैं।

जापान की उन्नति के कारण- जापानी समाज कैसे इतना उन्नत हुआ? इसके कारणों पर छोटा लेकिन बड़े काम का लेख 'इंडियन ओपिनियन' में गांधी जी ने 2 सितम्बर 1905 को गुजराती में लिखा।[14] इस लेख में उन्होंने बताया कि बालक-बालिकाओं के लिए शिक्षण अनिवार्य बनाने और कला-कौशल के साथ उद्योग पर ध्यान देने आदि से यह उन्नति आयी। अपने देश के लिए जापानियों के कर्तव्य-भाव के कारण उन्होंने यह उन्नति प्राप्त की है। जापान का यह विकास एक दिन में नहीं हुआ है। इसका कारण शताब्दियों का संघर्ष है।

इसी साल एक छोटा लेख इस विषय पर लिखा कि ऑस्ट्रेलिया ने जापान से आने वाले विद्यार्थियों और व्यापारियों के लिए प्रवास के नियम लचीले किये हैं।[15] यह क़दम जापान की बढ़ती शक्ति को दर्शाता है। इससे गांधी जी चाहते थे कि जापान जैसे शक्ति भारतीय भी अर्जित करें।

जापान में अंग्रेजी भाषा की गुलामी नहीं है- गांधी जी ने भारत में शिक्षा के लिए अंग्रेजी के पीछे भागते लोगों के लिए जापान का उदाहरण दिया। जापान में केवल कुछ लोग ही अंग्रेजी की शिक्षा लेकर उस भाषा का ज्ञान अपनी भाषा में लाते हैं। इस तरह से बड़ी जनसंख्या का समय भी बच जाता है और अंग्रेजी भाषा में उपलब्ध ज्ञान भी अनुवाद के जरिये जापानी में आ जाता है। भारत में भी यही होना चाहिए था। लेकिन ऐसा नहीं हो रहा है।

गांधी जी ने लिखा है–

"जापान में थोड़े-से गिने-चुने लोगों ने अंग्रेजी का उच्च ज्ञान प्राप्त किया है और फिर यूरोप की सभ्यता में जो-कुछ ग्रहण करने योग्य है उसे जापानी भाषा में प्रस्तुत करके लोगों के लिए सुलभ कर दिया है। इस प्रकार वे लोगों को अंग्रेजी भाषा का ज्ञान प्राप्त करने के व्यर्थ प्रयत्न से बचा लेते हैं।"[16]

गांधी जी ने यह भाषण गुजराती भाषियों के बीच 1916 ई. में दिया था। इसलिए आगे उन्होंने कहा कि यहाँ भी अंग्रेजी सभी को न पढ़कर कुछ लोगों को पढ़कर उस भाषा का श्रेष्ठ ज्ञान गुजराती भाषा में लाने का प्रयास करना चाहिए। इस तरह से ज्ञान प्राप्ति का काम अंग्रेजी भाषा के ज्ञान के कारण रुकेगा नहीं। जापान की

इस प्रेरणादायक भाषा-चेतना को गांधी जी ने कई बार अपने भाषणों और लेखों में उदाहरण स्वरूप उल्लेख किया।[17] जापान ने जैसे अंग्रेजी सीखने के व्यर्थ के प्रयत्न को सभी लोगों पर नहीं लादा है वैसे ही भारत में भी ऐसी ही भाषा-चेतना विकसित होनी चाहिए।

जापान में सबको शिक्षा- जापान ने अपने सभी देशवासियों को जापानी के माध्यम से सम्पूर्ण शिक्षा दी। इस बात को गांधी जी जापान की तरक्की का बड़ा कारण मानते हैं। भारत में भी अपनी-अपनी प्रांतीय भाषाओं में शिक्षा दी जानी चाहिए। इस बात के लिए वे जापान का उदाहरण देते हैं-

"शिक्षा के कारण जापान के जन-जीवन में हिलोरें उठ रही हैं और दुनिया जापानियों का काम अचरज-भरी आँखों से देख रही है।" [18]

कुछ जापानी लोगों से भेंट-सम्वाद-पत्र-व्यवहार- गांधी जी की कई जापानी लोगों से मुलाकात भी हुई। इनमें प्रमुख रूप से निचिदात्सू फूजी, ओकित्सू और साईतो जी के अलावा ओताने जाकाता (या साकाता), योने नोगुची, ताकाओ जी, तोयोहिको कागावा और दो जापानी सज्जन आदि लोग थे।

ओताने जाकाता जी ने गांधी जी से प्रत्यक्ष कोई मुलाकात तो नहीं की थी। उन्होंने गांधी जी पर एक किताब 'सेंट हीरो गांधी' (शायद जापानी में गांधी जी पर सबसे पहली किताब) लिखी थी। उन्होंने गांधी जी को 30 अप्रैल 1924 को एक पत्र और एक किताब भेजी थी। किताब गांधी जी के बारे में थी। इस किताब के संशोधित संस्करण के लिए वे गांधी जी कुछ सामग्री चाहते थे। गांधी जी ने दो किताबों के लेखकों का उल्लेख कर वह पत्र वापस जापान में ओताने जाकाता जी को भेजा था।[19]

प्रसिद्ध राष्ट्रवादी जापानी कवि योने नोगुची जी (1874-1947) का रवीन्द्रनाथ टैगोर (1861-1941) से सन् 1915 से ही परिचय था। बाद में चीन पर हमले और युद्ध के विषय दोनों का विख्यात संवाद सन् 1938 में हुआ है। योने नोगुची जी लगभग साढ़े तीन महीने की भारत यात्रा पर 17 अक्टूबर 1935 से 4 फरवरी 1936 तक के लिए आये। गांधी जी से सन् 1936 में मिलने आये। गांधी जी उस समय काफी बीमार थे। इसलिए संवाद बहुत छोटा ही रहा। गांधी जी ने कविवर टैगोर के संदेश में ही अपने संदेश को मिलाकर देखने की बात नोगुची जी से की।[20]

जापानी सांसद ताकाओ जी से भी गांधी जी मुलाकात होती है। वे 1938 में गांधी जी से मिले। गांधी जी ने स्वदेशी की बात की। साथ ही जब ताकाओ जी ने

पूछा कि 'एशिया एशिया वालों के लिए' नारे के बारे में गांधी जी क्या सोचते हैं? इस सवाल के जवाब में गांधी जी ने कहा कि यह संकीर्ण विचार है। यूरोप वालों के लिए एशिया और यूरोप एशिया वालों के लिए न होना संकुचित विचार है। गांधी जी ने इस विचार को पसन्द नहीं किया।[21]

जापान के गांधी कहे जाने वाले[22] तोयोहिको कागावा जी (1888-1960) ईसाई मिशनरी, सहकारी आन्दोलनकर्ता, युद्धविरोधी समाजवादी धर्मप्रचारक थे। 1927 में दुनिया भर के अनेक महान लोगों ने लीग ऑफ़ नेशंस में अनिवार्य सैनिक सेवा के विरुद्ध एक घोषणापत्र लिखा। इस घोषणा पत्र पर हस्ताक्षर करने वालों में रोमां रोलां, आइन्स्टाइन, टैगोर और गांधी थे। जापान से एक ही हस्ताक्षर मिला था। उनका नाम तोयोहिको कागावा था।[23] सैन्यवादी जापान में ऐसा क़दम उस समय चुनौतीपूर्ण था। वे गांधी जी से 14 जनवरी 1939 को मिले। गांधी जी ने उनसे जापान द्वारा चीन पर किये जा रहे अत्याचार के बारे में पूछा। 'युद्ध के बारे में जापान के लोगों की भावनाएं' गांधी जी जानना चाहते थे। गांधी जी को उन्होंने कहा कि जापान में मेरी स्थिति एक विधर्मी की है।[24] गांधी जी से उन्होंने पूछा कि यदि आप मेरी स्थिति में होते तो क्या करते?[25] गांधी जी ने कहा कि मैं अपने विधर्मी सिद्धान्तों की घोषणा करके गोली खाकर मर जाता।[26] वे अधिकतर भारत की सहकारी संस्थाओं के बारे में और गीता के बारे में बातें करते हैं। भारत में सिंचाई से जुड़ी कुछ सहकारी समितियाँ हैं क्या? इसका गांधी जी ने जवाब देते हुए कहा कि "मेरे ख्याल से नहीं हैं। निस्संदेह आपके यहाँ ये सब चीजें हैं। आपने बहुत शानदार काम किये हैं। हमें आपसे बहुत-से चीजें सीखनी हैं।"[27] इसके बाद गांधी जी दोबारा चीन की बात पर आ जाते हैं और जापान के इस क़दम की उनसे तीखी आलोचना करते हैं। इसका कागावा जी कोई जवाब नहीं देते हैं। वे अन्य विषयों पर अपनी बात करते हैं। 'गीता के अन्त में कृष्ण हिंसा का उपदेश देते हैं'[28], सहकारी आन्दोलन, रामायण में सीता के चरित्र आदि पर अपनी बात वे करते हैं।

कागावा जी जापान के चीन पर हमले को 'जापान का पाप' मानते थे और अपने चीनी भाइयों से जापान को उसके पाप के लिए माफ़ करने की बात करते थे। अपने इन कार्यों के कारण उन्हें जापानी सुरक्षाकर्मियों द्वारा गिरफ्तार किया गया।[31]

इन सभी सकारात्मक उदाहरणों से गांधी जी जापान से भारतीयों को बहुत-कुछ सीखने की निरन्तर सलाह देते हैं। जापान भूगोल में भारत से बहुत छोटा देश होने के बावजूद अमेरिका और इंग्लैंड की बराबरी पर कैसे पहुँच गया है? जापान की उन्नति के कारणों की खोज में गांधी जी को अनेक उदाहरण मिलते हैं। उन उदाहरणों

से गांधी जी भारतीयों का सम्बन्ध जोड़ते हैं। युद्ध के हिंसक उदाहरण से भी पराक्रम और बलिदान की भावना को सीखने लायक बताते हैं। लेकिन भारत आने के बाद और स्वदेशी आन्दोलन के समय जब जापान के व्यापार को देखते हैं तो उसमें उन्हें शोषण नजर आता है। जापान द्वारा कमजोर चीन पर हमला करने की भी गांधी जी आलोचना करते हैं। इन्हीं दो मुद्दों पर गांधी जी जापान की कटु-आलोचना करते हैं।

जापानी अधिकारी साईतो जी ने गांधी जी से मुलाकात की और कहा कि हम तो भारत को 'सस्ता माल' देते है। क्या उससे आपको 'कोई हानि' होती है? क्या भारतीयों को 'सस्ता माल सुलभ कराना' अच्छा नहीं है? इन बातों के जवाब में गांधी जी ने कहा कि जापान का यह कार्य भारतीयों की 'दरिद्रता बढ़ाता है'। जापानी सामान आने से भारतीयों का काम छिन जायेगा। इसलिए गांधी जी ने कहा कि 'हमारे हाथ-पैर का उपयोग बन्द कराकर' हमें बेकार बना देना जापान का धर्म नहीं है।[32]

गांधी जी से मिलने आये निचिदात्सू फूजी जी ने अपनी आत्मकथा में इस बात का भी उल्लेख किया है कि जापान व्यापार के इस तरीके से भारत का शोषण कर रहा था। सस्ता सामान भारत से खरीदकर आकर्षक दिखने और जल्दी ख़राब होने वाला सामान बेचकर जापान भारत का शोषण कर रहा है। इस तरह भारत कभी भी अपनी ग़रीबी को दूर नहीं कर पायेगा।[34]

जापान के बारे में गांधी जी की राय भारत आने के बाद काफी बदल चुकी थी। स्वदेशी आन्दोलन के समय जापानी कपड़ों के भारत में आने से गांधी जी का विचार काफी बदल जाता है। अब जापान भी इंगलैंड और अमेरिका की तरह शोषण करने वाला देश बन चुका था। चीन पर जापान के हमले और भारत में सस्ते और घटिया सामान को बेचने की नीति ने गांधी जी के मन में जापान की पुरानी छवि बदली। इसके बाद भी जापानी समाज की सौन्दर्य-चेतना और कुशलता की गांधी जी प्रायः प्रशंसा करते थे। जापान से आकर्षक और सस्ते कपड़े न आते रहें इसलिए भारतीयों को अपने खादी के कपड़ों को भी आकर्षक बनाने की वे सीख देते हैं।

जापानी कपड़ों के बारे में गांधी जी को एक पत्र जापानी कपड़ों के बारे में मिला। इस पत्र का उल्लेख उन्होंने 16 जुलाई 1931 को 'यंग इंडिया' में किया। इसमें उन्होंने पत्र-लेखक द्वारा जापानी कपड़ों में दिखती जापानी कार्य-कुशलता की बात की है।[35] भारत में तैयार होने वाले खादी के कपड़ों में जापानी कुशलता अगर नहीं आयी तो इस दौड़ में जापान जीत जायेगा।

गांधी जी से निचिदात्सू फूजी जी की मुलाकात 4 अक्टूबर 1933 को हुई थी। जिसमें गांधी जी ने भारत में बड़े पैमाने पर बौद्ध धर्म के पुनः प्रवर्तन की उनकी

इच्छा का अपने तरीके से समाधान किया। साथ ही उन्हें बताया कि वर्तमान हिन्दू धर्म ने भगवान बुद्ध की मूल शिक्षाओं को अपना लिया है। निचिदात्सू जी को उन्होंने संस्कृत और पाली के साथ हिन्दुस्तानी ज़बान सीखने की सलाह भी दी। वे 1931 में भारत आकर शान्तिनिकेतन में रहते हुए गांधी जी से मिलने का इंतजार करते रहे। वे दो महीने तक वर्धा के सेवाग्राम आश्रम में ही रहे। उन्होंने जापान लौटकर अहिंसा के बारे में किताब भी लिखी और दुनिया भर में शान्ति स्तूप भी बनवाए। उन्होंने गांधी जी के नॉन वायलेंस (अहिंसा) से प्रभावित होकर अपनी आत्मकथा का नाम रखा 'My non violence: An autobiography of a Japanese Buddhist'। गांधी जी ने निचिदात्सू फूजी जी और उनके साथ मौजूद ओकित्सू जी को सलाह देते हुए लिखा–

"आपके मन में जो यह इच्छा है कि भारत में बौद्ध-धर्म की पुनर्स्थापना हो, उसको मैं अच्छी तरह समझ सकता हूँ और मैं उसकी सराहना करता हूँ। केवल मैं आपको यह बताना चाहूँगा कि बौद्ध-धर्म का चाहे जो भी अर्थ हो, भगवान गौतम बुद्ध के उपदेशों के सार को हिन्दू-धर्म में समाविष्ट कर लिया गया है और मेरे ख्याल से तुलनात्मक दृष्टि से कहें तो, इस महान सुधारक के उपदेशों की शुद्धता को भारत में ही सबसे ज़्यादा सुरक्षित रखा गया है।"[42]

गांधी जी एशिया के कई देशों में मौजूद बौद्ध धर्म के स्वरूप की आलोचना करते थे। श्रीलंका और बर्मा में बौद्ध धर्म को मानने वालों के आचरण में दिखी हिंसा के कारण ऐसा विचार गांधी जी ने प्रस्तुत किया था। जापान में भौतिकतावाद की अंधी दौड़ और पश्चिमी औद्योगिकीकरण के कारण उसके बौद्ध धर्म की शिक्षा को भी गांधी जी ठीक नहीं माना था। इसलिए उन्होंने भारत में ही बौद्ध धर्म के सही रूप और शिक्षा की बात कही थी। आगे गांधी जी ने लिखा है–

"इसलिए मैं आपको सुझाव देना चाहूँगा कि आप संस्कृत और पाली का अध्ययन करें और भगवान बुद्ध की शिक्षा के सम्बन्ध में अपने ज्ञान में अभिवृद्धि करें... चूँकि आप हिन्दुस्तानियों के सुख-दुःख के साथी बन गये हैं, मैं आपसे कहूँगा कि आप हिन्दी अथवा हिन्दुस्तानी पढ़ने की अनिवार्यता को समझें और उस पर ध्यान दें।"[43]

शाम को चार बजे गांधी जी से मिलने पहुँचे। उन्होंने गांधी जी को देखकर तीन बार 'नाम म्यो हो रेंगे क्यो' मन्त्र का जाप किया और मुँह के सामने हाथ लाकर ताली बजाई। जापान में बने चावल के कुरकुरे और गोल पंखा भेंट किया। इस मुलाकात में गांधी जी ने कहा कि जापान का सब कुछ सुन्दर और अमूल्य है। लेकिन यह अब

भी महँगा है। क्या इनसे भारत को जीतना चाहता है? निचिदात्सू फूजी जी के साथ मौजूद ओकित्सू जी ने पूछा कि क्या मैं पूछ सकता हूँ, किससे? गांधी जी ने जवाब दिया–सामानों और व्यापार से। ओकित्सू जी ने जवाब दिया कि चूँकि हम साधु हैं इसलिए हम व्यापार के बारे में कुछ भी नहीं जानते हैं। ये उपहार जापानी व्यापार के नमूने न होकर हमारी सच्चाई के प्रतीक हैं। बाद में चलकर कुछेक शब्द और एक-आध हिन्दी वाक्य उन्होंने आश्रम में रहते हुए याद भी किये।[44]

जापान से गांधी जी ने तीन बन्दरों का किस्सा लिया- गांधी जी के तीन बन्दरों का किस्सा हम सभी भारतीयों ने अपनी बुनियादी तालीम के दिनों में पढ़ा और सुना है। एक तस्वीर जिसमें तीन बन्दर मौजूद हैं। जिसमें एक बन्दर ने अपने मुँह पर हाथ रखा है। दूसरे ने अपने कानों पर और तीसरे ने अपनी आँखों पर हाथ रखा है। जो 'बुरा न बोलो, बुरा न सुनो और बुरा न देखो' की नैतिक शिक्षा हमें देते हैं। यह तस्वीर और शिक्षा भारत भर में प्रचलित है। इसे सब लोग 'गांधी जी के तीन बन्दर' के नाम से जानते हैं।

गांधी जी ने उल्लेख किया है कि जापान के कोबे नगर की मूर्ति किसी व्यक्ति ने उन्हें दी थी। यह मूर्ति किसने उन्हें दी थी इसका उल्लेख उन्होंने नहीं किया है। उन्होंने 21 फरवरी 1940 को मलिकंदा (वर्तमान बांगलादेश में) में भाषण देते हुए कहा– "मुझे पता नहीं, आपको जापान के कोबे नगर के तीन बन्दरों की मूर्ति का हाल मालूम है या नहीं। उसी मूर्ति की एक छोटी-सी प्रतिकृति –एक खिलौना—किसी ने मुझे दे दिया था। उसमें तीन बन्दर हैं। एक अपना मुँह बन्द किये हुए, दूसरा आँखें बन्द किये हुए और तीसरा कान बन्द किये हुए है। वे संसार को यह उपदेश दे रहे हैं कि मुँह से बुरे वचन मत निकालो, आँखों से बुरी बातें मत देखो और कानों से गन्दी बातें मत सुनो। असहयोग का यही रहस्य है।"[45]

गांधी जी ने दूसरे विश्वयुद्ध के बीच में जापान के लोगों के नाम एक पत्र लिखा था। गांधी जी और जापान के सम्बन्ध को जानने के इच्छुक पाठकों के लिए भी यह पत्र उपयोगी होगा। इस पत्र का एक अंश है–

"शुरू में ही मुझे यह स्वीकार कर लेना चाहिय कि यद्यपि आपके लिए मेरे मन में कोई दुर्भाव नहीं है तो भी चीन पर आपके हमले को मैं बहुत ही नापसन्द करता हूँ। अपनी महानता के ऊँचे शिखर से आप साम्राज्यवादी आकांक्षा के गर्त में उतर पड़े हैं।"[46]

आगे गांधी जी जापान को हिन्दुस्तान पर किसी भी मकसद से हमला करने के लिए मना करते हैं–

"सच तो यह है कि हिन्दुस्तान की आज़ादी के बारे में आपकी चिंता के जो समाचार हमें मिले हैं वे यदि विश्वसनीय हों तो ब्रिटेन द्वारा हिन्दुस्तान की आज़ादी को मान लेने के बाद आपके पास हिन्दुस्तान पर हमला करने का कोई बहाना नहीं रह जाना चाहिए।"[48]

आगे वे जापान को युद्ध के रास्ते से हटने की अपील करते हैं–

"आपसे मैं मानवता के नाम पर अपील करता हूँ। मुझे यह देखकर ताज्जुब होता है कि आप यह नहीं समझ पा रहे हैं कि क्रूरता पूर्ण युद्ध किसी एक की बपौती नहीं है। अगर मित्र-राष्ट्र आपको न हरा सकें तो दूसरी कोई ताकत आपके तरीके से बढ़िया तरीके निकालकर आपको आपके ही हथियार से हरा देगी।"[49]

गांधी जी को मानने वाले यह विचार अवश्य मानेंगे कि हिंसा की अन्तिम परिणति हिंसा में ही होती है। यही परिणति जापान की हुई। और जो राष्ट्र अब भी हिंसा के रास्ते चलकर तरक्की अथवा शान्ति (?) चाहते हैं, उनकी भी यही गति होनी है। इसलिए इस विचार को केवल विगत न समझकर आगे आने वाले समय के लिए बेहद आधुनिक और दूरदर्शी पुरखे की सबसे उचित सलाह मान कर हम सबको याद रखना चाहिए।

परमाणु बम द्वारा जापान पर अमरीका का अनुचित क़दम- गांधी जी ने जापान के द्वारा चीन पर हमले की घोर निन्दा की थी। जब दूसरे विश्व युद्ध की समाप्ति के समय अमेरिका ने जापान के दो बड़े शहरों हिरोशिमा और नागासाकी पर छह और नौ अगस्त 1945 को परमाणु बम गिराया तब इसे एक अमेरिकी व्यक्ति ने गांधी जी से शान्ति लाने वाला प्रयास बताया। गांधी जी ने एक जुलाई 1946 को एक लेख में इस बात का जवाब दिया और कहा कि हिंसा से हिंसा ही पैदा हो सकती है, शान्ति नहीं। जापान के अनुचित कार्यों के बाद भी उसके साथ हुए घोर अमानवीय कार्य को गांधी जी अनुचित ही कहते हैं। इसे न्यायसंगत ठहराने का प्रयास करने वालों को अपना जवाब देते हैं। उन्होंने जापान के बारे में लिखा है–

"मैं मानता हूँ कि जापान का लोभ अधिक अनुचित था। लेकिन उसका लोभ अनुचित होने से कम अनुचित लोभ वालों को जापान के एक क्षेत्र-विशेष के स्त्री-पुरुष और बच्चों का संहार करने का अधिकार तो नहीं मिल गया।"[50]

गांधी जी जापान के तत्कालीन व्यवहार में मौजूद त्रुटियों पर अपनी राय देते हैं। अमरीका द्वारा जापान के साथ किये गये अमानवीय व्यवहार के बाद भी जापान के दोषों को नजरअंदाज नहीं करते हैं। अमरीका ने जापान के साथ जो संहारक दुष्कृत्य

किया, उसे भी गांधी जी किसी प्रकार जायज नहीं ठहराते हैं। किसी व्यक्ति, समाज या देश में दोष देखने के बाद उसके साथ होने वाले अमानवीय कार्यों को गांधी जी कभी भी न्यायसंगत नहीं कहते हैं। जिस प्रकार शक्तिशाली जापान ने कमजोर चीन पर हमला किया तो गांधी जी ने चीन के लोगों का पक्ष लिया उसी प्रकार द्वितीय विश्वयुद्ध में अमरीका ने शक्तिशाली जापान के बेक़सूर लोगों को मारा तो गांधी जी ने लोगों के पक्ष में अपनी बात कही।

सन्दर्भ ग्रन्थ-

1. गांधी जी ने जापान के बारे में छोटे-बड़े कई लेख लिखे। जिनमें से कम से कम आठ ऐसे लेख हैं जो जापान पर ही केन्द्रित हैं–'जापानी सूतक-नियम'-खंड 3, पृष्ठ 74-473; 'ज्युजित्सू'-खंड 5, पृष्ठ 447; 'जापान की उन्नति'-खंड 5, पृष्ठ 60; 'जापान की चाल'- खंड 6, पृष्ठ 301; 'साहसी जापानी सैनिक', अंग्रेजी खंड 9, पृष्ठ 424-25; 'जापान की सलाह', खंड 28, पृष्ठ 66; 'जापानी खतरा', खंड 47, पृष्ठ 155; 'हर जापानी से', खंड 76, पृष्ठ 344-48। दूसरे देशों के साथ जापान को विषय बनाकर पाँच लेख लिखे- 'राक्षसों की लड़ाई: जापान और रूस', खंड 4, पृष्ठ 401; 'जापान और रूस', खंड 4, पृष्ठ 498-99; 'आस्ट्रेलिया और जापान', खंड 5, पृष्ठ 120; 'जापान और ब्रिटिश उपनिवेश', खंड 5, पृष्ठ 143; 'जापान और अमेरिका', खंड 6, पृष्ठ 295। पाँच लेखों में जापानी लोगों से भेंट का उल्लेख मिलता है- 'सलाह: जापानी बौद्ध स्थविरों को', खंड 56, पृष्ठ 57-58; 'भेंट: योने नोगुची को', खंड 62, पृष्ठ 189-91; 'प्रश्नोत्तर', खंड 64, पृष्ठ 130-35; 'बातचीत: डी ताकाओका के साथ', खंड 68, पृष्ठ 207-9; 'बातचीत: तोयोहिको कागावा के साथ', खंड 68, पृष्ठ 326-30। एक पत्र-व्यवहार का भी उल्लेख मिलता है–'पत्र: ओताने जाकाता को', खंड 23, पृष्ठ 537। इनके अलावा अनेक स्थलों पर जापान का गांधी जी ने अनेक सन्दर्भों में उल्लेख किया है। कुछेक सन्दर्भ निम्नलिखित हैं- 5:10 (खंड 5, पृष्ठ 6:471-72, 13:300-03, 14:15-39, 27:408, 49:414-17, 71:287-92, 75:265-71, 75:293, 78:204-9, 87:243-45, 87:334-36, 87:351-52, 87:363-64, 87:418-21 सम्पूर्ण गांधी वाङ्मय, हिन्दी में खंड 97-1, अंग्रेजी में खंड 1948-1884 ,100-1, प्रकाशन विभाग, भारत सरकार
2. सम्पूर्ण गांधी वाङ्मय, प्रकाशन विभाग, भारत सरकार, खंड 20, पृष्ठ 158
3. सम्पूर्ण गांधी वाङ्मय, प्रकाशन विभाग, भारत सरकार, खंड 62, पृष्ठ 190
4. सम्पूर्ण गांधी वाङ्मय, प्रकाशन विभाग, भारत सरकार, खंड 6, पृष्ठ 471
5. निचिदात्सू फूजी जी, ओकित्सू जी, योने नोगुची जी, डी. ताकाओकाजी, तोयोहिको कागावा जी और साईतो जी आदि लोगों से गांधी जी की मुलाकातें हुईं। 'सलाह: जापानी बौद्ध स्थविरों को', खंड 56, पृष्ठ 57-58; 'भेंट: योने नोगुची को', खंड 62, पृष्ठ 189-91; 'प्रश्नोत्तर', खंड 64, पृष्ठ 130-35; 'बातचीत: डी ताकाओका के साथ',

खंड 68, पृष्ठ 207-9; 'बातचीत: तोयोहिको कागावा के साथ', खंड 68, पृष्ठ 326-30; 'प्रश्नोत्तर', खंड 64,पृष्ठ 130-33।

6. "The Most Venerable Nichidatsu Fujii, first called as Guruji (Guruji means master; ji is an honorific title) by Mahatma Gandhi...", Buddhism for world peace, words of Nichidatsu Fujii, Translated by Yumiko Miyazaki, Japan-Bharat Sarvodaya Mitra Sangh, Tokyo, 1980, pp 11
7. सम्पूर्ण गांधी वाङ्मय, खंड 6, 1906-1907, प्रकाशन विभाग, भारत सरकार, संस्करण फरवरी 1962, पृष्ठ 471
8. The Collected Works of Mahatma Gandhi, Publication Division, Ministry of information and Broadcasting, Indian Governments, Volume 3 , Years 1898-1903, Revised Second Edition June 1979, pp 535
9. सम्पूर्ण गांधी वाङ्मय, खंड 1903-1905 ,4, प्रकाशन विभाग, भारत सरकार, संस्करण अगस्त 1960, पृष्ठ 401
10. वही, पृष्ठ 447
11. वही, पृष्ठ 498-99
12. सम्पूर्ण गांधी वाङ्मय, प्रकाशन विभाग, भारत सरकार, खंड 4, पृष्ठ 499
13. सम्पूर्ण गांधी वाङ्मय, प्रकाशन विभाग, भारत सरकार, खंड 5, पृष्ठ 10
14. सम्पूर्ण गांधी वाङ्मय, प्रकाशन विभाग, भारत सरकार, खंड 5, पृष्ठ 61
15. सम्पूर्ण गांधी वाङ्मय, प्रकाशन विभाग, भारत सरकार, खंड 5, पृष्ठ 120
16. सम्पूर्ण गांधी वाङ्मय, प्रकाशन विभाग, भारत सरकार, खंड 13, पृष्ठ 302
17. सम्पूर्ण गांधी वाङ्मय, प्रकाशन विभाग, भारत सरकार, खंड 14, पृष्ठ 21
18. सम्पूर्ण गांधी वाङ्मय, प्रकाशन विभाग, भारत सरकार, खंड 14, पृष्ठ 22
19. सम्पूर्ण गांधी वाङ्मय, प्रकाशन विभाग, भारत सरकार, खंड 23, पृष्ठ 537
20. सम्पूर्ण गांधी वाङ्मय, प्रकाशन विभाग, भारत सरकार, खंड 62, पृष्ठ 91-190
21. सम्पूर्ण गांधी वाङ्मय, प्रकाशन विभाग, भारत सरकार, खंड 68, पृष्ठ 09-207
22. Kagawa of Japan, Cyril J. Davey, Abingdon Press, 1960, pp 137
23. in 1927, a manifesto against military conscription was presented to the League of Nations. it was signed by such men as Romain Rolland, Einstein, Tagore, Gandhi. The only Japanese name was that of Kagawa-and it singled him out as a potential enemy of the militarists whose power was growing in Japan., Kagawa of Japan, Cyril J. Davey, Abingdon Press, 1960, pp 90
24. The Collected Works of Mahatma Gandhi, Publication Division, Ministry of information and Broadcasting, Indian Governments, Volume 68, pp 295

25. ibid
26. ibid
27. सम्पूर्ण गांधी वाङ्मय, प्रकाशन विभाग, भारत सरकार, खंड 68, पृष्ठ 327
28. सम्पूर्ण गांधी वाङ्मय, प्रकाशन विभाग, भारत सरकार, खंड 68, पृष्ठ 328
29. Kagawa of Japan, Cyril J. Davey, Abingdon Press, 1960, pp 111
30. सम्पूर्ण गांधी वाङ्मय, प्रकाशन विभाग, भारत सरकार, खंड 64, पृष्ठ 130-33
31. Fujii, Nichidatsu, My non violence: An autobiography of a Japanese Buddhist, Japan Buddha Sangha Press, Tokyo, 1975, Pp 79
32. Young India, A Weekly Journal, Ed. M.K. Gandhi, Volume xiii, no. 29, 16 July 1931, pp 178
33. सम्पूर्ण गांधी वाङ्मय, खंड -16 , 56सितम्बर-15 : 1933-जनवरी1934-, प्रकाशन विभाग, भारत सरकार, संस्करण जनवरी 1974, पृष्ठ 58-57
34. वही
35. Buddhism for world peace, words of Nichidatsu Fujii, Translated by Yumiko Miyazaki, Japan-Bharat Sarvodaya Mitra Sangh, Tokyo, 1980, pp 45-73
36. सम्पूर्ण गांधी वाङ्मय, खंड 56, 16-सितम्बर-1933 : 15-जनवरी-1934, प्रकाशन विभाग, भारत सरकार, संस्करण जनवरी 1974, पृष्ठ 57-58
37. सम्पूर्ण गांधी वाङ्मय, खंड 76, 1 अप्रैल 1942 : 17 दिसम्बर 1942, प्रकाशन विभाग, भारत सरकार, संस्करण मई 1983, पृष्ठ 344
38. वही, पृष्ठ 346
39. वही, पृष्ठ 346-47
40. सम्पूर्ण गांधी वाङ्मय, प्रकाशन विभाग, भारत सरकार, खंड 84, पृष्ठ 382

गांधी जी और फूजी गुरुजी

निचिदात्सू फूजी [藤井 日達] का जन्म जापान में सन् 1885 में हुआ। ये गांधी जी से लगभग सोलह साल छोटे थे। इनका देहांत जापान में 1985 में सौ साल की उम्र में हुआ। जापान में बौध धर्म की अनेक शाखाएं प्रचलित हो गयी हैं। इन्होंने निप्पोनज़ान म्योहोजी [日本山妙法寺大僧伽] नामक एक शाखा जोड़ी। बौद्ध धर्म की इस शाखा में वे अपनी पुरानी शाखा निचिरेन का लोटस सूत्र (सद्धर्मपुण्डरीक सूत्र) "नम् म्यो हो रेंगे क्यो" [南無妙法蓮華經] का जाप करते थे।[1] इस मन्त्र को गांधी जी ने भी पसन्द किया और वर्धा के सेवाग्राम आश्रम की सुबह और शाम की प्रार्थनाओं में शामिल किया। भजनावलि की प्रस्तावना लिखते हुए गांधी जी ने कहा कि इन प्रार्थनाओं में सभी सम्प्रदायों का ख्याल रखा गया है। धर्मों और लोगों से अच्छे विचारों के जितने 'रत्न' मिल गये, सब इस भजनावलि में इकट्ठे कर लिए गये हैं। इसलिए इसे भारत के काफ़ी हिन्दू, मुसलमान, ख्रिस्ती, पारसी शौक से पढ़ते हैं और इससे अपने लिए कुछ-न-कुछ 'नैतिक खुराक' पाते हैं। ऐसा ही रत्न उन्हें फूजी गुरुजी से 1933 में मिला। सुबह और शाम होने वाली यह सबसे पहली प्रार्थना थी। उसके बाद दो मिनट का मौन और फिर ईशोपनिषद्, इस्लाम, ईसाई, पारसी, जैन, सिक्ख आदि धर्मों की प्रार्थनाएँ शामिल हैं। सभी प्रार्थनाएँ देवनागरी में लिखी हैं। जापानी भाषा में बौद्ध प्रार्थना के रूप में यह लोटस सूत्र तीन बार लिखा है–

नम् म्योहो रेंगे क्यो।
नम् म्योहो रेंगे क्यो।
नम् म्योहो रेंगे क्यो।[2]

यह मन्त्र 'सद्धर्मपुण्डरीकसूत्रम्' के नाम से संस्कृत में उपलब्ध है। यह सूत्र कहाँ बना इसके बारे में कोई निश्चित जानकारी नहीं मिलती है। इस सूत्र के बारे में काम करने वाले विद्वानों ने इसे भारत या मध्य एशिया की किसी क्षेत्रीय बोली में

रचा हुआ ज़रूर माना है। संस्कृत में प्रतिष्ठा और सम्मान के कारण बाद में शामिल किया गया होगा। वहाँ से यह सूत्र चीन गया। चीन में इसके अनुवाद मिलते हैं। इसका समय 255 ई. के आसपास का मिला है। कुमारजीव के अनुवाद से यह 406 ई. के आसपास बहुत लोकप्रिय हुआ। यह जापान की तेंदाई और निचिरेन शाखाओं में स्वीकृत मन्त्र है।[4-3]

निचिदात्सू फूजी जी ने अपनी वर्धा डायरी में लिखा है कि भारत में सभ्यता के पुनर्जागरण और जापान का बौद्ध मत वापस लाने के लिए तथागत ने अपने संदेशवाहकों को यहाँ भेजा है।

"The Tathagat has indeed dispatched his messengers as well as men and women of pure faith for the sake of the revival of Indian civilization and Buddhism of Japan to return to the Western Heaven." [5]

भारत चूँकि जापान के पश्चिम में है इसलिए यहाँ भारत को 'पश्चिमी स्वर्ग' कहा गया है। एक तरीके से लोटस सूत्र के रूप में बौद्ध मत दोबारा बड़े पैमाने पर भारत लौटा। लोटस सूत्र को निचिदात्सू फूजी जी ने सम्पूर्ण बौद्ध मत का सार माना है।

जब फूजी जी भारत गये और गांधी जी से मिले तो एक छोटा जापानी ढोल (ताईको) बजाते हुए यही मन्त्र बार-बार दुहरा रहे थे। बाद में दूसरे विश्वयुद्ध के समय उन्हें वर्धा के सेवाग्राम आश्रम से जाना पड़ा। तब वे अपना छोटा ढोल और यही मंत्र छोड़ गये। 1965 में उन्होंने बिहार की राजधानी पटना से लगभग सौ किलीमीटर दूर राजगीर में 'विश्व शान्ति स्तूप' और 'जापानी मन्दिर' का निर्माण करवाया।[6] भारत में ऐसे सात शान्ति स्तूप निचिदात्सू फूजी जी और उनके अनुयायियों ने बनवाए हैं।

गांधी जी से निचिदात्सू फूजी जी की पहली मुलाकात 4 अक्टूबर 1933 को हुई थी। जिसमें गांधी जी ने भारत में बड़े पैमाने पर बौद्ध धर्म के पुनः प्रवर्तन की उनकी इच्छा का अपने तरीके से समाधान किया। साथ ही उन्हें बताया कि वर्तमान हिन्दू धर्म ने भगवान बुद्ध की मूल शिक्षाओं को अपना लिया है। निचिदात्सू जी को उन्होंने संस्कृत और पाली के साथ हिन्दुस्तानी ज़बान सीखने की सलाह भी दी। निचिदात्सू जी1931 में भारत आ गये थे। यहाँ आकर शान्तिनिकेतन में रहते हुए गांधी जी से मिलने का इंतजार करते रहे। गांधी जी से पहली बार मिलकर वे दो महीने तक वर्धा के सेवाग्राम आश्रम में ही रहे। गांधी जी ने उन्हें फूजी गुरुजी का

नाम वहीं दिया। उन्होंने जापान लौटकर अहिंसा के अपने अनुभवों और अपने जीवन की कुछ घटनाओं को शामिल कर एक किताब भी लिखी और दुनिया भर में शान्ति स्तूप भी बनवाए। उन्होंने गांधी जी के नॉन वायलेंस (अहिंसा) से प्रभावित होकर अपनी आत्मकथा का नाम रखा 'My non violence: An autobiography of a Japanese Buddhist'। गांधी जी ने निचिदात्सू फूजी जी और उनके साथ मौजूद ओकित्सू जी को सलाह देते हुए लिखा–

"मुझे ख़ुशी है कि आपसे मुलाकात हो सकी और काफी दिलचस्प बातें हुईं। आपने मुझे जो लम्बा पत्र भेजा था उसे मैं सावधानी पूर्वक पढ़ गया हूँ। आपके मन में जो यह इच्छा है कि भारत में बौद्ध-धर्म की पुनर्स्थापना हो, उसको मैं अच्छी तरह समझ सकता हूँ और मैं उसकी सराहना करता हूँ। केवल मैं आपको यह बताना चाहूँगा कि बौद्ध-धर्म का चाहे जो भी अर्थ हो, भगवान गौतम बुद्ध के उपदेशों के सार को हिन्दू-धर्म में समाविष्ट कर लिया गया है और मेरे ख्याल से तुलनात्मक दृष्टि से कहें तो, इस महान सुधारक के उपदेशों की शुद्धता को भारत में ही सबसे ज़्यादा सुरक्षित रखा गया है।"[7]

गांधी जी एशिया के कई देशों में मौजूद बौद्ध धर्म के स्वरूप की आलोचना करते थे। श्रीलंका और बर्मा में बौद्ध धर्म को मानने वालों के आचरण में दिखी हिंसा के कारण ऐसा विचार गांधी जी ने प्रस्तुत किया था। जापान में भौतिकतावाद की अंधी दौड़ और पश्चिमी औद्योगिकीकरण के कारण उसके बौद्ध धर्म की शिक्षा को भी गांधी जी ने ठीक नहीं माना था। इसलिए उन्होंने भारत में ही बौद्ध धर्म के सही रूप और शिक्षा की बात कही थी। आगे गांधी जी ने लिखा है–

"इसलिए मैं आपको सुझाव देना चाहूँगा कि आप संस्कृत और पाली का अध्ययन करें और भगवान बुद्ध की शिक्षा के सम्बन्ध में अपने ज्ञान में अभिवृद्धि करें... चूँकि आप हिन्दुस्तानियों के सुख-दुःख के साथी बन गये हैं, मैं आपसे कहूँगा कि आप हिन्दी अथवा हिन्दुस्तानी पढ़ने की अनिवार्यता को समझें और उस पर ध्यान दें।"[8]

निचिदात्सू फूजी जी के संघ से अनेक भिक्षु आकर गांधी जी के साथ आश्रम में मिलते और ठहरते रहे। गांधी जी सभी धर्मों को समान मानते थे। वे बौद्ध धर्म को हिन्दू धर्म का ही एक अंग मानते थे। उसकी शिक्षाओं को हिन्दू धर्म में शामिल भी समझते थे। निचिदात्सू फूजी जी ने अपनी इस मुलाकात का काफी रोचक और विस्तृत जिक्र किया है। उन्होंने दिन और समय के साथ उस स्थिति का भी जीवंत वर्णन किया है। उनकी यह मुलाकात ओकित्सू जी के कारण तय हो सकी थी।

ओकित्सू जी ने 20 सितम्बर को पुणे में गांधी जी से निचिदात्सू फूजी जी यह इच्छा बताई कि वे गांधी जी से मिलना चाहते हैं। गांधी जी ने कहा कि 20 सितम्बर से लेकर 10 अक्टूबर के बीच में वर्धा में मिल सकते हैं। गांधी जी से मिलने का समय 4 अक्टूबर को शाम 4 बजे तय हुआ। उन्होंने पत्र में केवल 15 मिनट तक ही मुलाकात का समय तय किया था। श्रीलंका से महात्मा बुद्ध के अवशेष पाकर लौटे निचिदात्सू बम्बई से वर्धा पहुँचे। निचिदात्सू फूजी बम्बई से सुबह 7:40 पर वर्धा पहुँचे। वहाँ उन्हें लेने उद्योगपति और स्वतन्त्रता सेनानी जमनालाल बजाज (1884-1942) आये। निचिदात्सू उन्हीं के घर पर रुके। आराम किया। फल खाए। शाम को चार बजे गांधी जी से मिलने पहुँचे। उन्होंने गांधी जी को देखकर तीन बार 'नम् म्यो हो रेंगे क्यो' मन्त्र का जाप किया और मुँह के सामने हाथ लाकर तीन बार ताली बजाई। जापान में बने चावल के कुरकुरे और जापानी गोल पंखा भेंट किया। इस मुलाकात में गांधी जी ने कहा कि जापान का सब कुछ सुन्दर और अमूल्य है। लेकिन यह अब भी महँगा है। क्या जापान इनसे भारत को जीतना चाहता है? निचिदात्सू फूजी जी के साथ मौजूद ओकित्सू जी ने गांधी जी से पूछा कि क्या मैं पूछ सकता हूँ, किससे? गांधी जी ने जवाब दिया–सामानों और व्यापार से। ओकित्सू जी ने जवाब दिया कि चूँकि हम साधु हैं इसलिए हम व्यापार के बारे में कुछ भी नहीं जानते हैं। ये उपहार जापानी व्यापार के नमूने न होकर हमारी सच्चाई के प्रतीक हैं। इसके बाद गांधी जी ने चावल के कुरकुरे के ऊपर लगे काग़ज के बारे में पूछा कि यह भी खाया जा सकता है क्या? निचिदात्सू फूजी जी से अंग्रेजी आने की बात पूछी। ओकित्सू जी ने कहा कि वे अंग्रेजी बोलना पसन्द नहीं करते हैं। गांधी जी ने पूछा कि संस्कृत या पाली भाषाएँ आती हैं? ओकित्सू जी ही सारे सवालों के जवाब दे रहे थे। उन्होंने ही गांधी जी को कहा कि ओशिशो-सामा (फूजी गुरुजी) ने जापानी भाषा में ही बौद्ध मत को पढ़ा है। वे अन्य कोई भाषा नहीं बोल सकते हैं। गांधी जी ने उनसे हिन्दी भाषा सीख लेने की बात कही। बाद में चलकर कुछेक शब्द और एक-आध वाक्य निचिदात्सू फूजी जी ने आश्रम में रहते हुए याद भी किये।[9]

जापान की प्रशंसा और निन्दा दोनों गांधी जी ने भरपूर की है। बिना किसी वैर-भाव के उन्होंने ऐसा किया। जब गांधी जी ने भारत में विदेशी कपड़ों की होली जलाई तो जापान ने भारत में सस्ते कपड़ों के निर्यात का रास्ता खोज लिया। गांधी जी इस क़दम को आत्मनिर्भरता के रास्ते में रुकावट मानते थे। गांधी जी से प्रभावित फूजी गुरुजी ने जापान का नागरिक होते हुए भी इस मुद्दे पर जापान का विरोध किया। जबकि बहुत ही कम जापानियों ने जापान का वास्तविक दोष होते हुए भी

अपने देश की कटु आलोचना तो क्या उसका समर्थन ही किया है। इस सम्बन्ध में जापानी राष्ट्रवादी कवि योने नोगुची का नाम सबसे उल्लेखनीय है। योने नोगुची का टैगोर से संवाद और विवाद बेहद प्रसिद्ध है।[10] चीन के मसले पर उन्होंने जापान की क्रूर कार्रवाई का साथ दिया था और उसे जायज ठहराया था। ऐसे में एक बौद्ध भिक्षु निचिदात्सू फूजी जी द्वारा जापान का विरोध बहुत प्रशंसनीय माना जायेगा। गांधी जी ने एक जापानी अधिकारी श्री साईतो जी से भी जापानी कपड़ों को लेकर अपनी नाराजगी दर्ज की थी। इंग्लैंड की तुलना में काफी सस्ता कपड़ा जापान से भारत आ रहा था। इसे श्री साईतो जी उचित मानते थे। गांधी जी ने कहा जापान के इस कार्य से भारत स्वाबलंबी नहीं बन पायेगा। इसलिए इंग्लैंड की तरह ही जापान के कपड़े भी हमारे लिए बुरे हैं।

गांधी जी से वर्धा मिलने आये 'यंग मैन क्रिस्चियन असोसिएशन' (वाईएमसीए) के एक दल में शामिल साईतो जी ने कई सवाल पूछे। उन सवालों के जवाब में गांधी जी के जापान सम्बन्धी तत्कालीन विचारों को जाना जा सकता है। जब श्री साईतो जी ने कहा कि जापान और हिन्दुस्तान तो बहुत-सी बातों में समान है। इस बात के जवाब में गांधी जी ने जापान द्वारा भारत में हो रहे शोषण को प्रकट किया। गांधी जी ने कहा कि 'हिन्दुस्तान को चूसने में जापान ने' अमेरिका और इंग्लैंड को काफी पीछे छोड़ दिया है। जापान से जो कपड़े का थान भारत आता है, उससे यह शोषण हो रहा है। इस पर साईतो जी ने कहा कि हम तो 'सस्ता माल' देते है। क्या उससे 'कोई हानि' होती है? क्या 'सस्ता माल सुलभ कराना' अच्छा नहीं है? इन बातों के जवाब में गांधी जी ने कहा कि जापान का यह कार्य भारतीयों की 'दरिद्रता बढ़ाता है'। जापानी सामान आने से भारतीयों का काम छिन जायेगा। इसलिए गांधी जी ने कहा कि 'हमारे हाथ-पैर का उपयोग बन्द कराकर' हमें बेकार बना देना जापान का धर्म नहीं है।[11]

गांधी जी ने भारतीय कपड़ा व्यापारियों से भी विदेशी कपड़े न खरीदने की विनती की थी। उन्होंने कहा कि भारत आने वाले इन कपड़ों से भारत में निर्धनता और बेरोज़गारी बढ़ती है। भारत के छह लाख गाँवों में बहुत मजदूर बिना काम के पड़े हुए हैं। इंग्लैंड, जापान और अमेरिका से व्यापारी जो कपड़ा भारत मँगवाते हैं, इस काम से वे एक गज कपड़े पर 'अपने देशवाशियों से 'कम से कम तीन आने छीन लेते हैं' विदेशी कपड़ों के आने के कारण ये लोग बेकार हो गये हैं। गांधी जी ने इस सम्बन्ध में लिखा है–

"भारत में बहुत मजदूर हैं जो गाँवों में बेकार पड़े हुए हैं। पहले ये बेकार मजदूर सूत और कपड़ा तैयार करने में लगे हुए थे। विदेशी कपड़े के आयात के फलस्वरूप वे अनिवार्यतः बेकार बन गये और इस लम्बे अरसे में उनमें से बहुतेरों को कोई धंधा नहीं मिल पाया।"[12]

गांधी जी ने जब स्वदेशी, खादी का नारा दिया और विदेशी कपड़ों की होली जलाई तो जापानी कपड़ों की आमद भारत में बढ़ गयी। इस सम्बन्ध में भी गांधी जी का विचार था कि जैसे ब्रिटेन में बने कपड़े भारतीयों को कमजोर और ग़रीब बना रहे हैं, उसी प्रकार अन्य देशों के कपड़ों का भी बहिष्कार करना चाहिए। जापानी कपड़े काफी सस्ते थे। गांधी जी से बात करते हुए जापानी सज्जन साईतो जी ने जापान के कपड़ों के भारत लाये जाने का समर्थन किया। गांधी जी ने इस बात का तीव्र विरोध किया।

जापान से आने वाले कपड़े सस्ते और आकर्षक तो थे लेकिन जल्दी फटने वाले थे। भारत से कपास और अन्य वस्तुओं को बहुत ही कम कीमत में खरीदने के बाद उस कपास का कपड़ा बनाकर उन्हें बेचने में जापान बहुत लाभ कमा रहा था। लाभ की यह प्रक्रिया शोषण पर आधारित थी। इससे भारत अपनी ग़रीबी को कभी भी दूर नहीं कर पायेगा। गांधी जी से मिलने आये निचिदात्सू फूजी जी ने अपनी आत्मकथा में इस बात का भी उल्लेख किया है कि जापान व्यापार के इस तरीके से भारत का शोषण कर रहा था। सस्ता सामान भारत से खरीदकर आकर्षक दिखने और जल्दी ख़राब होने वाला सामान बेचकर जापान भारत का शोषण कर रहा है। इस तरह भारत कभी भी अपनी ग़रीबी को दूर नहीं कर पायेगा। निचिदात्सू फूजी जी का कथन है–*"Japan was selling India cheap clothes which appeared attractive but easily wore out, and bought Indian cotton for practically nothing. Japan was exploiting India in this way. As a result, India could not rid herself of poverty."*[13]

जापानी होकर जापान के ख़िलाफ़ बोलने-लिखने का साहस जिन कम लोगों ने किया उनमें से एक फूजी गुरुजी भी थे। यहाँ ध्यान देने की एक बात और है। गांधी जी ने स्वदेशी का पक्ष लेते हुए इंग्लैंड के ही नहीं जापान से आने वाले कपड़ों को भारतीयों की ग़रीबी का कारण बताया था। उसी प्रकार फूजी गुरुजी भी जापान को भारत का व्यापार द्वारा शोषण करने और भारत को हमेशा ग़रीब बनाए रखने वाला बता रहे हैं। भारत से सस्ता कपास खरीदकर भारत को आकर्षक लेकिन जल्दी ही फट जाने वाले सस्ते और घटिया कपड़े निर्यात करता है। शुद्ध धार्मिक व्यक्ति होने

और पूरी तरह गैर-राजनीतिक व्यक्ति होने के कारण फूजी गुरुजी चाहते तो इस तरह की बातें करने से बच सकते थे। लेकिन उन्होंने अपनी अन्तरात्मा की आवाज़ सुनकर जापान के विरोध में उक्त बातें लिखीं।

क्या फूजी गुरुजी ने गांधी जी को तीन बन्दरों की मूर्ति दी थी?

गांधी जी के तीन बन्दरों का किस्सा हम सभी भारतीयों ने अपनी बुनियादी तालीम के दिनों में पढ़ा और सुना है। एक तस्वीर जिसमें तीन बन्दर मौजूद हैं। जिसमें एक बन्दर ने अपने मुँह पर हाथ रखा है। दूसरे ने अपने कानों पर और तीसरे ने अपनी आँखों पर हाथ रखा है। जो 'बुरा न बोलो, बुरा न सुनो और बुरा न देखो' की नैतिक शिक्षा हमें देते हैं। यह तस्वीर और शिक्षा भारत भर में प्रचलित है। इसे सब लोग 'गांधी जी के तीन बन्दर' के नाम से जानते हैं।

गांधी जी के प्रेमी और भारत से जुड़े किसी भी व्यक्ति के लिए जापान आकर एक मन्दिर के द्वार पर तीन बन्दरों की मूर्ति को देखना सच में चक्कर में डालने वाला होता है। जापान में तोशोगू [日光東照宮] नामक एक मन्दिर है। यह मन्दिर तोक्यो से डेढ़ सौ किलोमीटर दूर तोचिगी प्रीफेक्चर में है। एक दरवाजे के ऊपर लकड़ी पर एक जगह तीन बन्दर एक साथ बनाए गये हैं। अगल-बगल की जालियों में और भी बन्दर बने हुए हैं। जापानी भाषा में इन तीन बन्दरों के नाम मिज़ारू [見ざる], किकाज़ारू [聞かざる] और इबाज़ारू [言わざる] हैं। जिनका मतलब 'बुरा मत देखो, बुरा मत सुनो और बुरा मत बोलो' माना जाता है। इस मन्दिर का निर्माण सन् 1617 ई. में हुआ था। इस मन्दिर का सम्बन्ध शिन्तो धर्म और शोगू राजा से है। इस मन्दिर के पवित्र अस्तबल के दरवाजे पर लकड़ियों को काट-तराशकर ये काठ की मूर्तियाँ बनाई गयी हैं।

गांधी जी तीन बार सन् 1915, सन् 1940 और फिर सन् 1945 में शान्तिनिकेतन गये थे। जहाँ अनेक चीनी विद्यार्थियों और अध्यापकों से उनकी मुलाकातें हुई थीं। वर्धा में भी चीनी पत्रकार उनसे आकर मिले थे। दक्षिण अफ्रीका में भी रहते हुए चीनी नागरिकों से गांधी जी ने मिलने की बातें ख़ुद कही हैं। लेकिन गांधी जी को समझदार बन्दरों की त्रिमूर्ति चीनी लोगों ने भेंट नहीं दी थी।

इस सब बातों के बाद गांधी जी ने इन तीनों बन्दरों के बारे में क्या कहा है? गांधी जी ने उल्लेख किया है कि जापान के कोबे नगर की मूर्ति किसी व्यक्ति ने उन्हें दी थी। यह मूर्ति किसने उन्हें दी थी इसका उल्लेख उन्होंने नहीं किया है। उन्होंने 21 फरवरी 1940 को मलिकंदा (वर्तमान बांगलादेश में) में भाषण देते हुए कहा–"मुझे

पता नहीं, आपको जापान के कोबे नगर के तीन बन्दरों की मूर्ति का हाल मालूम है या नहीं। उसी मूर्ति की एक छोटी-सी प्रतिकृति–एक खिलौना–किसी ने मुझे दे दिया था। उसमें तीन बन्दर हैं। एक अपना मुँह बन्द किये हुए, दूसरा आँखें बन्द किये हुए और तीसरा कान बन्द किये हुए है। वे संसार को यह उपदेश दे रहे हैं कि मुँह से बुरे वचन मत निकालो, आँखों से बुरी बातें मत देखो और कानों से गन्दी बातें मत सुनो। असहयोग का यही रहस्य है।" [14]

यह मूर्ति गांधी जी को किसने और कब दी थी? इस सम्बन्ध में कोई प्रामाणिक जानकारी नहीं मिल सकी है। एक दो सन्दर्भ इस सम्बन्ध में ऐसे भी देखने को मिले जिनमें कहा गया कि यह मूर्ति फूजी गुरुजी ने गांधी जी को दी थी।[15] लेकिन फूजी गुरुजी ने अपनी आत्मकथा में गांधी जी से पहली मुलाकात का बड़ा विस्तृत वर्णन किया है। इस वर्णन में उन्होंने इस मूर्ति का जिक्र नहीं किया है। गांधी जी ने केवल जापानी मित्र का संकेत इस मूर्ति के साथ किया है। इस मूर्ति को गांधी जी ने हमेशा अपने पास रखा। इसके सन्देश को हर भारतीय के मन में पहुँचाया भी। जापान की यह भेंट और सन्देश गांधी जी द्वारा हर भारतीय सुनता है। कहीं से भी कोई अच्छी बात वे लेने को हमेशा तत्पर रहते थे। जापानी समाज की अच्छाइयों से गांधी जी हमेशा प्रभावित रहे और दूसरों को भी ऐसी जानकारियाँ देने का कार्य करते रहे। संसार को तीन समझदार बन्दरों का सन्देश गांधी जी ने फिर से पहुँचाया। अगर आपको पता चले कि गांधी जी को तीन बन्दरों की मूर्ति किसने दी तो मुझे भी बताइएगा।

सन्दर्भ सूची–

1. आश्रम प्रेयर्स, एस पी पांडे, पृष्ठ 5, Thomas Weber and Akira Hayashi, Mahatma Gandhi: The Japanese Connection, Gandhi Marg, Editors: M.P. Mathai- John Moolakattu, Volume 37, Number 3-4, October-December 2015 – January-March 2016, pp 427
2. सेवाग्राम आश्रम की प्रार्थनाएँ (सार्थ), संकलक शं, प्र, पांडे (गुरुजी), सेवाग्राम आश्रम प्रतिष्ठान, सेवाग्राम, वर्धा, महाराष्ट्र, भारत, जुलाई 1999, पृष्ठ 5-4
3. "We do not know where and when the Lotus Sutra was composed, or in what language. Probably it was initially formulated in some local dialect of India or Central Asia and then later put into Sanskrit to lend it greater respectability. All we can say for certain about the date of its composition is that

it was already in existence by 255 CE, when the first Chinese translation of it was made. it was translated into Chinese several times subsequently, but it through the version done in 406 by the Central Asian scholar-monk Kumarjiva that it has become widely known and read in China and other countries within the Chinese cultural sphere influence." The Lotus Sutra, Translated by Burton Watson, Columbia University Press, New York, 1993, page ix-x

4. "The Saddharmapundarikasutra is one of the most popular early texts of the Mahayanists. it was adored as a deity in pursuance of the directions given frequently in the text itself. it formed the main scripture of a few Chinese and Japanese Buddhist sects, particularly the Tendai and Nichiren sects of Japan, and it is recited in all temples of the Zen (Dhyana) sect." सद्धर्मपुण्डरीकसूत्रम् with N.D. Mironovis reading from Central Asia mss revised by Dr. Nalinaksha Dutt, The Asiatic Society, Culcatta, 1953, pp vii

5. Buddhism for world peace, words of Nichidatsu Fujii, Translated by Yumiko Miyazaki, Japan-Bharat Sarvodaya Mitra Sangh, Tokyo, 1980, pp 78

6. Ibid pp 79

7. सम्पूर्ण गांधी वाङ्मय, खंड 56, 16-सितम्बर-1933 : 15-जनवरी-1934, प्रकाशन विभाग, भारत सरकार, संस्करण जनवरी 1974, पृष्ठ 57-58

8. वही

9. Buddhism for world peace, words of Nichidatsu Fujii, Translated by Yumiko Miyazaki, Japan-Bharat Sarvodaya Mitra Sangh, Tokyo, 1980, pp 45-73

10. प्रसिद्ध राष्ट्रवादी जापानी कवि योने नोगुची (1874-1947) का रवीन्द्रनाथ टैगोर (1861-1941) से सन् 1915 से ही परिचय था। बाद में चीन पर हमले और युद्ध के विषय दोनों का विख्यात संवाद सन् 1938 में हुआ है। योने नोगुची लगभग साढ़े तीन महीने की भारत यात्रा पर 17 अक्टूबर 1935 से 4 फरवरी 1936 तक के लिए आये। गांधी जी से सन् 1936 में मिलने आये। गांधी जी उस समय काफी बीमार थे। इसलिए संवाद बहुत छोटा ही रहा। गांधी जी ने कविवर टैगोर के संदेश में ही अपने संदेश को मिलाकर देखने की बात नोगुची से की। देखें–सम्पूर्ण गांधी वाङ्मय, प्रकाशन विभाग, भारत सरकार, खंड 62, पृष्ठ 190-91

11. Buddhism for world peace, words of Nichidatsu Fujii, Translated by Yumiko Miyazaki, Japan-Bharat Sarvodaya Mitra Sangh, Tokyo, 1980, pp 45-73 सम्पूर्ण गांधी वाङ्मय, प्रकाशन विभाग, भारत सरकार, खंड 64, पृष्ठ 33-130
12. सम्पूर्ण गांधी वाङ्मय, प्रकाशन विभाग, भारत सरकार, खंड 20, पृष्ठ 348
13. Fujii, Nichidatsu, My nonviolence: An autobiography of a Japanese Buddhist, Japan Buddha Sangha Press, Tokyo, 1975, Pp 79
14. सम्पूर्ण गांधी वाङ्मय, खंड 56, 16-सितम्बर-1933 : 15-जनवरी-1934, प्रकाशन विभाग, भारत सरकार, संस्करण जनवरी 1974, पृष्ठ 57-58
15. http://sarvodaya-japan.org/index.php?20190915, https://ahmedabadmirror.indiatimes.com/ahmedabad/cover-story/gandhis-three-monkeys-are-a-gift-from-japan/articleshow/37672682.cms

जवाहर लाल नेहरू जी के हाथ की गर्माहट अभी भी याद है

श्री योशिहारू कानाज़ावा जी ने आज से लगभग तिरसठ साल पहले 1957 में क्योतो में भारत के पहले प्रधानमन्त्री श्री जवाहरलाल नेहरू जी से हाथ मिलाया था। उनके हाथ की गर्माहट उन्हें अभी भी याद है। श्री योशिहारू कानाज़ावा जी ने ठीक सत्तर साल पहले ओसाका विश्वविद्यालय के तत्कालीन हिन्दुस्तानी विभाग से हिन्दी या कहें हिन्दुस्तानी सीखी थी। जिसे उन्होंने अपने भारत-प्रेम के कारण आज भी याद रखा है। चार साल हिन्दी पढ़ने के बाद उनका नाता हिन्दी-अध्ययन से तो टूट गया लेकिन हिन्दी से नहीं टूटा। अपने पिता की आज्ञा के कारण वे चार साल हिन्दी पढ़ने के बाद मिठाई बनाने के अपने पुश्तैनी काम में लग गये। उनका पुश्तैनी काम जापानी मिठाई बनाने का है। यह काम उनका परिवार तीन सौ साल से कर रहा है। इस काम से जापान की प्राचीन संस्कृति को जीवित् बनाए रखने के लिए उनके परिवार को क्योतो राज्य के गवर्नर से सम्मान भी मिला है। अपने काम और हिन्दी प्रेम दोनों से उन्होंने अपना सम्बन्ध बनाये रखा है। यह बात तो सभी लोग मानते हैं कि मातृभाषा के अलावा कोई अन्य भाषा जितनी मुश्किल और समय लगाने के बाद हम सब लोग सीखते हैं लेकिन अगर अपने जीवन में उसका इस्तेमाल न करें तो उसे बहुत जल्दी हम भूलने लगते हैं। यह बात कानाज़ावा जी पर भी लागू हो सकती थी। लेकिन उन्होंने बड़ी मुश्किल से सीखी इस भाषा को आजीवन न भूलने का प्रण लिया। उसे काफी हद तक पूरा भी किया। कानाज़ावा जी ने अपने भारत-प्रेम के कारण सत्तर साल पहले सीखी हिन्दी भाषा पूरी तो नहीं लेकिन कुछ हद तक अपने मन में बचा रखी है। आश्चर्य की बात यह लगी कि उन्हें हिन्दी में बोलने में भले अब कुछ परेशानी हो रही हो लेकिन उनका भेजा पत्र पढ़कर तो मैं दंग रह गया। दो छोटे-छोटे सुन्दर पन्नों का यह पत्र उनसे मिलकर आने के पन्द्रह दिन बाद मिला।

लेखनी में कहीं भी उनकी उम्र का असर नहीं दिखाई दे रहा था। लिखावट बिलकुल सधी हुई और बहुत सुन्दर थी। शिरोरेखा के बिना लिखे हुए साफ़ अक्षर। वैसे उम्र का कोई विपरीत प्रभाव उनके चलने-फिरने और बोलने पर भी नहीं समझ आया। बोलने में आवाज़ जरूर अस्पष्ट लग रही थी, लेकिन उसका कारण उनकी नब्बे साल की उम्र नहीं बल्कि जीभ के कैंसर की बेहद कष्टकर बीमारी थी। जीभ के कैंसर के कारण उनकी जीभ का कुछ हिस्सा भी काटा जा चुका है। इस कष्ट को सहने के बाद भी उनके चेहरे पर कहीं कष्ट की मलिनता या विषाद नहीं था। जापानी बोलते हुए बीच-बीच में वे हिन्दी के भी कुछ वाक्य जरूर बोल रहे थे।

इस अनोखे संवाद की योजना जापान में भारत के प्रधान कोंसल श्री निखिलेश गिरि जी ने प्रस्तावित की। जब उनसे बात हुई तो उन्होंने बताया कि वे श्री कानाज़ावा योशिहारू जी से मिलकर आये हैं। कानाज़ावा जी का इंटरव्यू लेकर जरूर हिन्दी के पाठकों तक उनके हिन्दी-प्रेम की जानकारी जानी चाहिए। इस संवाद में पद्म श्री से सम्मानित आदरणीय तोमिओ मिज़ोकामि जी ने अनुवादक की भूमिका निभाई। श्री कानाज़ावा योशिहारू जी की बेटी सुश्री मिचिको योशिहारू ने दिन और समय तय करने में मदद की। फिर श्री तोमिओ मिज़ोकामि जी के संग 31 अक्टूबर 2021 को दोपहर दो बजे क्योतो श्री कानाज़ावा योशिहारू जी के घर पहुँच गये। उनका घर दो मंज़िला लकड़ी का पुराना घर था। जिसमें एक छोटा जापानी बगीचा भी था। यह पुराने जापानी शैली का सुन्दर घर था। घर के पहले हिस्से में मिठाई की तीन सौ साल पुरानी दुकान थी। जिसे उनकी बेटी मिचिको जी संभाल रही थीं। इस मुलाकात के लिए मैं बहुत रोमांचित था। इसका एक सबसे बड़ा कारण यह था कि कानाज़ावा जी सम्भवतः जापान में मौजूद सबसे वृद्ध हिन्दी-प्रेमी हैं। अभी पिछले वर्ष ही श्री मुतो तोमोजी (1930-2021) का देहान्त हुआ। वे मुम्बई में जापान के प्रधान कोंसल थे। उन्होंने पं. जवाहर लाल नेहरू जी और जापान के तत्कालीन प्रधानमन्त्री नोबुसुके किशी जी के बीच दुभाषिए की भूमिका भी निभाई। उनकी हिन्दी बहुत अच्छी थी। वे सबसे अधिक उम्र के हिन्दी प्रेमी थे। अब तक मुझे लगता था कि प्रो. कात्सुरो कोगा जी (जन्म-1935) या प्रो. तोशियो तनाका जी (1937) या प्रो. तोमिओ मिजोकामी जी (जन्म-1941) सबसे वृद्ध हिन्दी-प्रेमी होंगे! कानाज़ावा जी का जन्म प्रो. कात्सुरो कोगा जी से लगभग चार साल पहले 6 दिसम्बर 1932 को हुआ था।

मुलाकात के दिन 31 अक्टूबर की दोपहर को एक सुन्दर गर्म कमरे में एक टेबल के दोनों ओर ज़मीन पर छोटे से तकियों के ऊपर आमने-सामने मिज़ोकामि

जी और मैं बैठ गये। टेबल के एक ओर कुर्सी रखी हुई थी। जिस पर कानाज़ावा जी बैठ गये। इस मुलाकात का वीडियो बनाने के लिए फ़ोन कानाज़ावा जी के सामने रख दिया। इंटरव्यू की शुरुआत में कानाज़ावा जी ने एक दो वाक्य हिन्दी के बोले। बाकी बातचीत उन्होंने जापानी में ही की। मेरा मन था कि वे पूरी बातचीत हिन्दी में करें। लेकिन यह नहीं हो सका। उन्हें बोलने में कुछ कठिनाई भी हो रही थी। साथ ही मिज़ोकामि जी हमारी मदद के लिए वहाँ थे तो इससे भी कानाज़ावा जी हिन्दी बोलने के अवसर से चूक गये। लेकिन वे बीच-बीच में हिन्दी के कुछ शब्द या वाक्य बोल रहे थे।

हिन्दी पढ़ने का निश्चय क्यों किया? इस सवाल के जवाब में उन्होंने कहा कि भारत के बारे में बचपन में जापानी में कोई किताब पढ़ी थी जिसके कारण हिन्दी पढ़ने का निश्चय किया। रंगरेज या धोबी के बारे में भी किताब में पढ़ा। सपेरे को बीन बजाते हुए देखा। उसके सामने कोबरा साँप देखा। भारत से जुड़ी जानकारी ने प्रभावित किया। भारत के प्रति पहली जिज्ञासा उस किताब ने जगाई। फिर हिन्दी पढ़ने का निर्णय किया।

उनका यह निर्णय उस समय के जापान के अनुसार और भी महत्त्वपूर्ण था। जब उन्होंने हिन्दी पढ़ने का निर्णय किया तब दूसरे विश्व युद्ध में पराजित हो चुका जापान ग़रीब था। उस समय युवाओं के सामने नौकरी की फ़िक्र रहती थी। किसी ऐसे विषय को पढ़ना तब जरूरी माना जाता था, जिसके बाद जल्दी नौकरी लगे या व्यापार कर सकें। हिन्दी पढ़ने से कोई प्रकट लाभ न होते हुए भी उन्होंने हिन्दी पढ़ने का निर्णय सिर्फ़ भारत में अपनी रुचि के कारण किया।

तत्कालीन ओसाका विश्वविद्यालय का नाम तब कुछ और था। तब इसे हिन्दुस्तानी विभाग कहा जाता था। उसमें श्री एइजो सावा जी (1896-1978) हिन्दी पढ़ाते थे। एक भारतीय शिक्षक श्री संतराम वर्मा जी भी हिन्दी पढ़ाते थे। सावा जी छात्रों का बहुत ख्याल रखते थे इसलिए सभी उनका बहुत सम्मान करते थे। तब विश्वविद्यालय का एक कैंपस ताकात्सुकी नामक स्थान पर था। और दूसरा उएहोनमाची नामक स्थान पर था। बड़ी मुश्किल से विद्यार्थियों को पुस्तकालय से किताबें मिल पाती थीं। शब्दकोश भी तीसरे साल में जाकर मिल पाया था। इतने कम साधनों के बावजूद भी हिन्दी पढ़ने का उत्साह कम नहीं हुआ। बल्कि इन परेशानियों के होते हुए भी अनेक प्रयास करके हिन्दी बोलने का सपना जल्दी से पूरा किया। तब हिन्दी बोलने के लिए आसपास कोई माहौल नहीं था। हिन्दी में संवाद करने का बहुत प्रयास किया। इंडोनेशिया विभाग के छात्र बहुत अच्छे से इंडोनेशियन भाषा

बोलते थे उनको देखकर हमें भी हिन्दी बोलने का बहुत मन करता था लेकिन हिन्दी बोलना इतना आसान नहीं था।

जल्दी से अच्छी हिन्दी बोलने की इच्छा को पूरा करने के लिए ओसाका शहर जाकर एक मुसलमान सज्जन ए. ए. मुचला साहब से संवाद करते थे। उन्होंने बहुत मदद की। बिना पैसे लिए हिन्दुस्तानी बोलने का अभ्यास करवाया। टेलीफ़ोन पर हिन्दी में बात करने का समय देते थे। यह उन दिनों की बात है जब केवल अमीर लोगों के घर ही जापान में फ़ोन था। दो-तीन साल की मेहनत के बाद हिन्दी बोलने लगे। उस समय लड़कियाँ कम पढ़ पाती थीं।

अध्यापकों के उत्साहित करने पर 'सरिता' पत्रिका में पत्र लिखा। वर्मा जी को वह पत्र लिखकर दिखाया तो उन्होंने कहा कि आसान हिन्दी में लिखो। फिर आसान हिन्दी में पत्र लिखा तो 'सारिका' पत्रिका 1956 में पत्र छपा। इस पत्र से हिन्दी पढ़ने का और आत्मविश्वास पैदा हो गया। बिना चश्मे के अपना लिखा पत्र पढ़ा। योशिहारू कानाज़ावा जी की हिन्दी का उदाहरण देने के लिए इस पत्र को यहाँ उद्धृत करना जरूरी लग रहा है–

"इस बात की मुझे अत्यन्त प्रसन्नता है कि आप लोगों के देश भारत की दिन दिन बढ़ती हो रही है। युद्ध से घृणा और शान्ति से प्रेम जापान का स्थायी राष्ट्रीय भाव है। जापानवासियों के हृदय में प्रेम का जो अंकुर है वह सभी एशियाई देशों के सहयोग अथवा हमारे प्रयत्नों से उग सकता है। जैसे जैसे आपस में प्रेम भाव बढ़ता जायेगा, सभी मुल्क निकट आते जायेंगे। फिर उन्हें कोई भी शक्ति अलग न कर सकेगी। भ्रातृभाव का प्रेम सब सुखों का घर है। मेरी प्रबल इच्छा है कि सभी देश भ्रातृभाव के एक सूत्र में बँधें और विश्वशान्ति में सहायक हों। इस इच्छा की पूर्ति के लिए मैं यथाशक्ति प्रयत्न करूँगा। लेकिन इस में आप लोगों का सहयोग भी आवश्यक है।

मैं एक जापानी युवक हूँ और हिन्दी पढ़ता हूँ। मेरे शौक हैं भारतीय साहित्य का अध्ययन करना, कहानी लिखना, पत्रव्यवहार करना, टिकट इकट्ठे करना, सिनेमा और फोटोग्राफी। मेरी इच्छा भारतीय युवतियों को पत्रमित्र बनाने की है। यह पत्र मैं उन से मित्रता स्थापित कर के जानकारी बढ़ाने के लिए लिख रहा हूँ। यदि आप लोगों की इच्छा हो तो मुझे निम्न पते पर पत्र लिखिए।"

इसके बाद हिन्दी में योशिहारू कानाज़ावा जी का पता लिखा हुआ है। इसके साथ सम्पादक का यह नोट भी लिखा है कि उक्त पत पर सुविधा के लिए पत्र में पता अंग्रेजी में लिखें।

इस मित्रता प्रस्ताव पत्र के बाद उनके पास पत्र भी आये। और भी पत्र शायद आये होंगे लेकिन उन्होंने हमें कुछ पत्र अपनी एक मुँहबोली बहन के दिखाए। उन्होंने पत्र के साथ राखी भेजी। उनसे कई बार पत्र व्यवहार किया। वे जयपुर में रहती थीं, उनके पत्र उन्होंने मुझे दिखाए लेकिन उनका नाम लिखने के लिए मना किया है। यह ठेठ जापानी तरीका है जिसमें व्यक्तिगत जानकारी को सामाजिक नहीं किया जाना चाहिए। उन्होंने कई साल तक राखियाँ भेजीं। सभी पत्रों के जवाब वे नहीं दे सके। अपनी मुँहबोली बहन से मुलाकात कभी नहीं हो सकी। यह पत्र व्यवहार 1960 के आसपास का है। उस समय कानाज़ावा जी लगभग तीस साल के रहे होंगे। इस पत्र व्यवहार से मेरी हिन्दी अच्छी हो गयी।

हिन्दी सीखने और लगातार पत्र व्यवहार करते रहने के साथ उन्होंने अपना पुश्तैनी काम संभाल लिया। इसलिए वे हिन्दी पढ़ने के सत्ताईस साल बाद भारत जा पाये। पहली बार जब भारत पर क़दम रखा तो बहुत उत्तेजित हो गये थे। तीन बार भारत की यात्राएँ कीं। ताजमहल इतना पसन्द आया कि वे हर बार ताजमहल देखने जरूर जाते थे। जापान की तुलना में भारत में हर ओर उन्हें कुछ अव्यवस्था देखने को मिली लेकिन उन्होंने देखा कि भारतीय जीवन में दिखावा नहीं है। लोगों ने उनकी हिन्दी सुनकर काफी सम्मान दिया। अनेक विदेशी लोग उन्हें हिन्दी बोलते देखकर ईर्ष्या करते थे। हिन्दी सीखने का पूरा लाभ उन्होंने भारत यात्रा के दौरान लिया। बनारस, बिहार, खजुराहो और राजस्थान की भी यात्रा की। तन्दूरी चिकन का नाम उन्हें अभी तक याद है। हालाँकि अब वे जीभ के दर्द के कारण तीखा या मसालेदार भारतीय खाना नहीं खा पाते हैं।

इस बातचीत में उन्होंने नेहरू जी से मुलाकात का जिक्र किया था। अपनी इस ऐतिहासिक और अविस्मरणीय मुलाकात के बारे में उन्होंने बताया कि जवाहर लाल नेहरू जी जब जापान आये तो पास में कोई अंगरक्षक नहीं थे। इसलिए बिना समय लिए उनसे मिल पाये। और हस्ताक्षर भी लिए। और उनके दस्तखत की तस्वीर दिखाई। वे क्योतो के एक होटल में मिले थे। 1957 तक मेरी हिन्दी बातचीत करने लायक हो चुकी थी। नेहरू जी से कहा–"मुझे भारत बहुत पसन्द है।" इंदिरा गांधी जी भी साथ में जापान आयी थीं लेकिन तब वहाँ नहीं थीं। बाद में इंदिरा गांधी जी उन्हें नये वर्ष का पोस्टकार्ड भेजती थीं। उस पोस्टकार्ड पर रानी लक्ष्मीबाई की तस्वीर होती थी। उन्होंने इस तस्वीर को टी शर्ट पर छपवाकर अभी तक सुरक्षित रखा है। बच्चों जैसे उत्साह से यह सभी चीजें वे हमें दिखला रहे थे। होटल में इंदिरा जी से भी मिला था। बिना अपोइंटमेंट के मिला। जब नेहरू जी से मुलाकात की बात

दोस्त से बताई तो उसने कहा कि मुझे क्यों नहीं बताया। मैं कैमरा लेकर चलता। उस मुलाकात की तस्वीर भी तब मेरे पास होती। नेहरू जी से हाथ मिलाया। उनके हाथ की गर्माहट कभी नहीं भूल सकता हूँ।

दो घंटे तक चले इस संवाद में कानाज़ावा जी ने पूरी बातचीत जापानी में ही की और कुछ हिन्दी वाक्य भी बोले–"हिन्दी ने मेरे लिए नयी दुनिया का दरवाज़ा खोला।" "मुझे भारत से बड़ा प्रेम है।" "सुनने की ताकत कमजोर हो गयी" फिर उन्होंने कहा कि ज़्यादातर जापानी विद्यार्थी हिन्दी भूल जाते हैं। मैं सत्तर साल पढ़ने के बाद भी हिन्दी नहीं भूला। मुझे भारत से बहुत प्रेम है इसलिए मैं हिन्दी नहीं भूला। अब ठीक से नहीं सुन पाता हूँ इसलिए भारत के बारे में कुछ नहीं देख-सुन पाता हूँ। हिन्दी बोलने का मौका कम हो गया। इसका मुझे अफ़सोस है। भारत-जापान के सम्बन्ध को और प्रगाढ़ बनाने के लिए उन्होंने गणेश भगवान की मूर्ति की एक मिठाई बनाई है। उनकी बेटी मिचिको कानाज़ावा जी भारतीय संस्कृति को जापान में और लोकप्रिय बना रही हैं। इस गणेश मिठाई की बात क्योतो सिम्बुन अख़बार में आयी। यह मिठाई हमें भी खाने को मिली। उनकी बेटी मिचिको कानाज़ावा ने चेन्नई में भरतनाट्यम सीखा। वे लम्बे अरसे तक भारत में रहीं। वे डेढ़ साल तक चेन्नई में रहीं। मिचिको कानाज़ावा को थोड़ी बहुत तमिल याद है।

यह मुलाकात और बातचीत आगे भी चलती रहे और योशिहारू कानाज़ावा जी शतायु हों यही मेरी कामना है।

जापान की प्राथमिक शिक्षा

जापान में आधुनिकता की शुरुआत मेइजी युग से मानी जाती है। यह सन् 1868 की बात है। इस समय को याद रखने के लिए ऐसे भी कह सकते हैं कि जापान में मेइजी युग की शुरुआत के एक वर्ष बाद ही भारत में गांधी जी का जन्म हुआ था। इस युग से ठीक पहले जापान दुनिया भर से कटा हुआ था। न कोई जापान आ सकता था और न ही कोई जापान से बाहर जा सकता था। कुछ अपवादों को छोड़ दें तो यह स्थिति लगभग पिछले ढाई सौ साल से चल रही थी। ऐसे माहौल में नये विचार और आधुनिकता भला कैसे आ सकती थी!

1868 में जब नये युग का आरम्भ हुआ तो शिक्षा पर बहुत बल दिया गया। सन् 1872 में जापान में प्राथमिक शिक्षा की शुरुआत हुई। लेकिन तब तक केवल अमीर लोग ही इसका लाभ उठा सकते थे इसलिए सन् 1900 से सबको मुफ़्त प्राथमिक शिक्षा देने की शुरुआत कर दी गयी। देखते ही देखते जापान में सबको अच्छी गुणवत्तापूर्ण शिक्षा मिलने लगी। कुछ ही वर्षों में जापान लगभग शतप्रतिशत शिक्षित हो गया। यहाँ मैं साक्षर के स्थान पर शिक्षित लिख रहा हूँ। मुझे कई बार लगता है कि जापान में सबसे अधिक महत्त्व अगर किसी चीज को दिया गया है तो सम्भवत: प्राथमिक शिक्षा को ही दिया गया है। इसलिए यदि कोई बच्चा/ बच्ची केवल प्राथमिक स्तर तक भी जापान की शिक्षा ले पाता/पाती है तो वह अपना आगे का जीवन अच्छी तरह से जीने लायक समझ और मूल्य अर्जित कर सकता/सकती है। जापान में इस समय कक्षा नौ तक सभी को मुफ्त शिक्षा पाने का अधिकार है।

जापान में प्राथमिक शिक्षा छह वर्ष से शुरू होती है। और यह छठी कक्षा तक चलती है। सातवीं कक्षा से यहाँ माध्यमिक स्तर की शिक्षा शुरू होती है। जिसे निम्न माध्यमिक और उच्च माध्यमिक से दो हिस्सों में बाँटा जाता है। सातवीं से नौवीं तक निम्न माध्यमिक या जूनियर हाई स्कूल और दसवीं से बारहवीं

तक उच्च माध्यमिक या सीनियर हाई स्कूल की शिक्षा होती है। जापान के लगभग सभी विद्यार्थी बताते हैं कि प्राथमिक स्तर की शिक्षा वाले दिन उनके अब तक के जीवन के सबसे बेहतर दिनों में से एक थे। इस लेख को पढ़कर आपको भी जरूर कुछ अन्दाज़ा होगा कि जापान की प्राथमिक शिक्षा क्यों इतनी अच्छी है और उसमें क्या अच्छा है?

बच्चे के जन्म से लेकर छह साल के होने तक उसे सिर्फ़ खेलने और अच्छे से जीने लायक सीख घर या कभी-कभी छोटे-छोटे किन्डरगार्टन में दी जाती है। लेकिन विद्यालयी शिक्षा की शुरुआत छह साल से ही होती है। इस स्तर पर सभी विद्यार्थियों को जापानी भाषा, अंग्रेजी, गणित, नैतिकता, विज्ञान, समाज, शारीरिक शिक्षा आदि विषय पढ़ाये जाते हैं।

दोपहर का भोजन प्राय: सभी जापानी स्कूलों में मुफ्त दिया जाता है। यह खाना बहुत पौष्टिक और स्वादिष्ट होता है। इस खाने की तारीफ अक्सर सभी लोग करते हैं। सुबह-सुबह घर से खाना लाने के भार से सभी बच्चे मुक्त होते हैं। यह खाना स्कूल में ही कर्मचारियों द्वारा तैयार होता है। इसे सभी विद्यार्थी वितरित करते हैं। खाने के बाद सभी विद्यार्थी अपने-अपने कमरों की सफाई करते हैं। जिस दिन खेल उत्सव होता है उस दिन बच्चों के साथ माता-पिता भी आते हैं। उस दिन स्कूल में खाना नहीं मिलता है उस दिन घर से ही खाना लाना होता है।

प्राथमिक विद्यालयों को जापानी में शोगाक्को कहते हैं। जापान की आबादी के घटने से पिछले लगभग सत्तर सालों में प्राथमिक स्कूलों की संख्या में भी कुछ कमी आयी है। उन्नीस सौ पचास के आसपास पच्चीस हज़ार से अधिक स्कूल थे वहीं अब बीस हजार से कुछ कम स्कूल जापान में हैं।

एक खास तरह का बैग प्राय: सभी विद्यार्थी स्कूल लेकर जाते हैं। यह बैग हल्का, मजबूत और बारिश से किताबों को बचाने के लिहाज से उपयुक्त होता है। इसे जापानी में रंदोसेरू कहते हैं।

प्राथमिक स्तर के विद्यालयों में पढ़ाई के साथ-साथ विद्यार्थियों के खेलने-कूदने, आसपास की दुनिया को समझने और घूमने पर भी बल दिया जाता है। वैसे यह विशेषता तो पूरी जापानी शिक्षा पर लागू होती है।

सुबह साढ़े आठ बजे से दोपहर साढ़े तीन बजे तक स्कूल चलता है। बच्चे घर से पैदल और अकेले ही स्कूल आते हैं। वे अपने साथियों के साथ स्कूल आ सकते हैं लेकिन माता-पिता के साथ स्कूल तक आना मना होता है। हर जगह स्कूलों की उपलब्धता के कारण पैदल ही स्कूल तक सभी विद्यार्थी पहुँच सकते

हैं। घर से स्कूल जाने के रास्ते तय होते हैं। कभी-कभी रास्ते में पड़ने वाली बड़ी सड़कों को पार करवाने के लिए कुछ लोग वहाँ पहले से खड़े होते हैं। उन्हें बचपन से ही आत्मनिर्भर बनाने के कारण अकेले ही स्कूल आने की सीख दी जाती है। कभी-कभी स्कूल दूर भी होते हैं तब भी बच्चे बसों या ट्रेनों से ख़ुद ही स्कूल आते हैं। सुरक्षा की कोई चिन्ता यहाँ नहीं के बराबर है।

अनेक प्रकार के खेल और कौशल स्कूलों में ही सिखा दिये जाते हैं। संगीत और हर प्रकार के ज़रूरी ज्ञान को भी स्कूलों में सिखाया जाता है।

सभी विषयों का अच्छा ज्ञान, स्वस्थ शरीर और उन्नत मनुष्यता के गुण जापानी प्राथमिक स्कूलों के तीन प्रमुख उद्देश्य हैं। विज्ञान की कक्षा में शिक्षक पाठ केवल नहीं पढ़ाते हैं बल्कि बच्चों को कक्षा से बाहर ले जाकर विज्ञान के नियम कैसे काम करते हैं और तार्किक और वैज्ञानिक सोच प्रदान करते हैं। खेल के समय शरीर को स्वस्थ रखने के साथ समूह में काम करने के महत्त्व को भी सिखाया जाता है।

इसके अलावा विदेशी लोगों में अन्तरराष्ट्रीय स्कूलों की भी माँग बढ़ रही है। जिसमें अंग्रेजी माध्यम में ही सभी विषयों की शिक्षा दी जाती है। जबकि जापानी स्कूलों में सभी विषय जापानी में ही पढ़ाये जाते हैं। निजी या अन्तरराष्ट्रीय स्कूलों की शिक्षा काफी महँगी होने के कारण केवल अमीर या विदेशी ही प्राप्त कर पाते हैं। कुछ जापानी लोग भी अपने बच्चों को ऐसे निजी स्कूलों में भेजते हैं। लेकिन उनकी संख्या काफी कम है। इसका कारण यह है कि जापानी माध्यम के सरकारी विद्यालयों का स्तर और शिक्षा बहुत अच्छी है साथ ही मुफ्त भी है।

मैंने अभी तक जितने भी प्राथमिक विद्यालय देखे हैं उनको देखकर लगता है जैसे यह किसी विश्वविद्यालय की बड़ी इमारत हो। केवल इमारत ही भव्य नहीं होती है बल्कि उनके भीतरी संसाधन और माहौल भी बेहद उच्च स्तरीय होता है। प्राय: जीवन के लिए ज़रूरी सभी चीजें बचपन में इन्हीं छह वर्षों में सिखा दी जाती हैं।

कुछ विदेशी मित्र शिकायत करते हैं कि जापान की शिक्षा व्यवस्था में प्रतिस्पर्धा का बहुत अभाव है। जापान से किसी अन्य देश जाने के बाद उनके बच्चे पिछड़ जायेंगे। इसलिए वे इस तरह की प्रतिस्पर्धा रहित शिक्षा को अच्छा नहीं मानते हैं। मुझे लगता है कि यह जापान की शिक्षा की बहुत बड़ी अच्छाई है कि यहाँ सभी विद्यार्थियों को बराबर समझा जाता है। और जापानी शिक्षा व्यवस्था सभी बच्चों में

यह भाव भी पैदा करती है कि कोई किसी से श्रेष्ठ या कमजोर नहीं है। खेल के दौरान या परीक्षा परिणाम के समय किसी को किसी से बेहतर या बदतर नहीं सिद्ध किया जाता है। हार-जीत से ज़्यादा ज़रूरी प्रयास है। किसी को फ़ैल भी नहीं किया जाता है। केवल छठवीं के बाद बड़ी परीक्षा होती है या नौवीं या बारहवीं के बाद ही ऐसी परीक्षाएँ होती हैं जिनमें सबसे अच्छे प्रदर्शन का महत्त्व होता है। लेकिन पूरी शिक्षा प्रणाली में प्रतिस्पर्धा का अभाव एक प्रकार से विद्यार्थियों को हीनताबोध और कृत्रिम और झूठे अहंकार से भी बचाता है।

जापानी शिक्षा-व्यवस्था में श्रम का महत्त्व

जापान की अनेक ऐसी रोचक बातें हैं जिनके बारे में हम सभी भारतीयों को ज़रूर जानना चाहिए। अगर बातें काम की लगें तो उन्हें अपनाने की कोशिश करनी चाहिए। लेकिन बिना जाने अपनाया कैसे जाये? तो आज हम जापान की कुछ ऐसी बातों को जानते हैं जिन्हें आप में से कुछ लोग आगे चलकर ज़रूर अपनाना चाहेंगे।

एक दिन की बात है। मैंने कक्षा में पढ़ने वाले जापानी विद्यार्थियों को घर पर खाना खाने के बुलाना चाहा। अगले महीने के पहले रविवार को सभी विद्यार्थी घर आकर हिन्दी में बात भी करें और कुछ भारतीय खाना भी खाएँ। उन्होंने मेरी बात बहुत ध्यान से सुनी और फिर अपने बैग से एक डायरी निकालकर अगले महीने के पहले रविवार का दिन उस डायरी में बने कैलेंडर में देखने लगे। पाँच विद्यार्थियों को छोड़ सभी विद्यार्थी उस दिन अंशकालिक काम या कोई और कार्य तय कर चुके थे। पहले से तय कार्यक्रम को अपने या किसी अन्य के आनन्द के लिए बदलना उनके जीवन-नियम का हिस्सा नहीं है। पहले काम और फिर आनन्द का इस समाज में महत्त्व है। मेहनत की गरिमा जापानी समाज में इतनी अधिक है कि कई बार मेहनत करना और करवाना अति की सीमा तक पहुँच जाता है। श्रम की अति से जुड़ीं दुखद ख़बरें भी आती हैं। लेकिन जापान ने श्रम का महत्त्व न समझा होता तो सदैव आने वाली प्राकृतिक आपदाओं और दो भीषण मानवनिर्मित आपदाओं को झेलने के बाद भी इतना विकसित देश कैसे होता!

एक सुन्दर-सी डायरी मैंने सभी जापानी लोगों के पास देखी। एक विद्यार्थी से पूछा कि इस डायरी में आप हमेशा क्या लिखते हैं? उन्होंने बताया कि इस डायरी में पूरे साल की योजना वे दर्ज करते हैं। यदि आप अचानक किसी जापानी को कहेंगे कि क्या आने वाले रविवार या किसी और दिन हम लोग कहीं घूमने चलें? तो वे पहले अपनी डायरी देखेंगे। रविवार को यदि वे पहले से कोई काम निश्चित कर चुके हैं तो वे बहुत विनम्रता से मना कर देंगे। पहले से निश्चित किसी कार्यक्रम

को बदलते बहुत कम लोगों को देखा होगा। अपने जीवन के हर एक दिन को कैसे व्यवस्थित रखना है यह हर जापानी को बचपन से ही सिखाया जाता है।

यही नियम उन्हें मेहनती और श्रम के प्रति ईमानदार बनाता है। पहले से तय कार्यक्रम की डायरी उन्हें लगातार अपने काम में लगाए रखने वाली अनोखी जापानी-तकनीक है।

लेकिन यह गुण सबसे प्रमुख होते हुए भी शायद कुछ लोग कभी न कभी इसका उल्लंघन करते हों। इससे भी पहले एक गुण है जो सभी जापानी लोगों और विद्यार्थियों में विशेष रूप से देखा जाता है। वह है आत्मनिर्भरता का गुण। चलने-फिरने लायक होते ही बच्चे में आत्मनिर्भरता का गुण माँ-बाप विकसित करने लगते हैं। लाड़-प्यार में कोई भी कमी न करते हुए अपने छोटे-छोटे बच्चों को अपना सामान ख़ुद उठवाते लोगों को आप आसानी से जापान में हर जगह देख सकते हैं। बाज़ार में ऐसे छोटे-छोटे बच्चों को देखकर बड़ा मज़ा भी आता है। वे अपने छोटे-से सामान को उठाकर चलते नज़र आते हैं। कभी-कभी किसी टीवी कार्यक्रम में भी बहुत ही छोटे बच्चे या बच्ची को दुकान से सामान लाने भेजते दिखाते हैं। यह दृश्य भारतीय गाँवों और शहरों में भी दिख जाता है। यही उम्र मेहनती और आत्मनिर्भर बनाने की होती है।

यही आनन्द बिलकुल छोटे बच्चों को स्कूल जाते देखकर आता है। वे अपना बस्ता ख़ुद उठाते हैं। जापान में बच्चे प्राय: घर के पास वाले विद्यालयों में ही पढ़ते हैं। वे पैदल ही विद्यालय जाते-आते हैं। माता-पिता बच्चों को छोड़ने-लेने नहीं आते-जाते हैं। ऐसा करना भी मना होता है। कभी-कभार कुछ विदेशी लोग ऐसा करते दिखते हैं। लेकिन उन्हें भी मना किया जाता है। बड़े बच्चे अपने रास्ते में पड़ने वाले छोटे बच्चों को उनके घरों से साथ लेते हैं। सड़क पार करना सिखाते हैं। यही आत्मनिर्भरता बच्चों को घर और बाहर सभी जगह सिखाई जाती है। कभी-कभार विद्यालय दूर भी होता है। ऐसे में बच्चे ट्रेन से अपने विद्यालय आते-जाते हैं। जापान में मौजूद सुरक्षा के कारण भी यह सम्भव है। हिंसा या अपराध यहाँ न के बराबर है।

विद्यालयों में नैतिक शिक्षा के साथ मजबूत बनने और आत्मनिर्भर बनने की शिक्षा रोज दी जाती है। यह शिक्षा शब्दों में न दी जाकर व्यवहार के द्वारा शिक्षक के माध्यम से काम करवाकर दी जाती है। जीवन के अन्तिम दिन तक यही आत्मनिर्भर जीवन-शैली प्राय: सभी जापानी लोग अपनाते हैं।

इसके बाद दूसरा गुण है कैसे अपने शरीर को कैसे ख़ूब तंदुरुस्त रखना है? छोटे-छोटे बच्चों से लेकर बूढ़े-बुजुर्गों तक को आप सुबह शाम पार्क में खेलते

और दौड़ते आराम से देख सकते हैं। तीसरी बात है अपने घर और आस पड़ोस को कैसे सुन्दर बनाना है? यह सौन्दर्य-बोध बाहर से आने वाले सभी लोगों को आश्चर्यचकित करता है। जापान हर तरह से इतना सुन्दर और साफ इसी सौन्दर्य-बोध के कारण है। इसीलिए जब 1893 ई. में विवेकानन्द अमरीका जाने के लिए बीच में जापान आये तो उन्होंने एक पत्र में सभी भारतीयों को एक बार जापान ज़रूर आने की बात कही थी। जापान किसी सुन्दर चित्र जितना तब भी सुन्दर था और अब भी है। बीच में दो परमाणु बम और हज़ारों छोटे बमों के कारण पूरी तरह बर्बाद होने के बाद उन्हें झेलकर भी फिर से अपने को उतना ही या कहें पहले से भी और सुन्दर बना लिया है। पहले से सुन्दर इसलिए कि अब पहले की तरह जापान सैन्यवाद के पीछे नहीं भाग रहा है। अब वह शान्ति का सन्देश देता हुआ देश है। हालाँकि वर्तमान शिंजो आबे की सरकार जापान को फिर से सैनिक रूप से मजबूत कर रही है। इसका जापानी जनता विरोध भी कर रही है। जापानी लोग अब शान्ति चाहते हैं। फोटो खींचते-खिंचवाते हुए अक्सर सभी जापानी बच्चे और बड़े दो उँगलियों को जोड़कर अंग्रेजी 'वी' का निशान बनाते हैं। यह 'वी फॉर विक्ट्री' या जीत का नहीं पूरी दुनिया के लिए शान्ति का सूचक-चिह्न है। इन अच्छाइयों के अलावा जापान की अनेक विशेषताएँ उल्लेखनीय हैं।

जापान की शिक्षा-व्यवस्था में शरीरिक श्रम का स्थान और विस्तार से जानने के साथ-साथ जापान की शिक्षा-व्यवस्था की कुछ मोटी-मोटी बातें जान लेते हैं।

जापान में छह साल से प्राथमिक विद्यालयों में दाखिला मिलता है। उससे पहले तीन साल तक नर्सरी में और फिर पाँच साल तक किंडरगार्टन में बच्चे-बच्चियाँ खेलने जाते हैं। वहाँ पढ़ाई नहीं होती है। खेल-खेल में ही जीवन-जीने के लिए ज़रूरी तरीके सिखाने और नैतिक-मजबूत बनाने का प्रयास किया जाता है। एक बेहतर मनुष्य और नागरिक बनाने के संस्कार इसी उम्र से शुरू हो जाते हैं। छह साल का होने पर बच्चे-बच्ची को पहली कक्षा में दाखिला मिलता है। इस प्राथमिक पाठशाला को जापान में एलेमेंट्री स्कूल या 'शोगाक्को' कहते हैं। जापानी भाषा में 'गाक्को' का मतलब विद्यालय होता है। 'शो' का एक मतलब छोटा बच्चा भी होता है। इसके बाद यानी पहली से छठवीं कक्षा के बाद माध्यमिक पाठशाला दो भागों में बाँटी जाती है। सातवीं से नौवीं कक्षा तक को लोवर सेकंड्री, जूनियर हाईस्कूल या 'चुगाक्को' कहते हैं। इसके बाद दसवीं से बारहवीं तक सीनियर हाई स्कूल या अपर सेकंड्री या 'कोतोगाक्को' की पाठशाला होती है। पन्द्रह साल के होने तक या नौवीं कक्षा तक सभी विद्यार्थियों सरकार की ओर से गुणवत्तापूर्ण मुफ्त और एक

समान शिक्षा दी जाती है। प्रायः किसी विद्यार्थी को फेल या अनुत्तीर्ण नहीं किया जाता है। इसलिए हर कक्षा में सभी विद्यार्थी एक उम्र के होते हैं। शिक्षा का माध्यम जापानी भाषा ही होता है। 'इंटरनेशनल स्कूल' में शिक्षा का माध्यम अंग्रेजी भाषा होता है। लेकिन जापान में शिक्षा का शुरुआती चरण और अन्तिम चरण ही निजी हाथों में ज़्यादा है। बीच में सरकारी व्यवस्थाएँ ही अधिक हैं। इसके बाद बीए या ग्रेजुएशन की पढ़ाई शुरू होती है। यह आगे के चार साल तक चलती है। स्नातक की पढ़ाई के बाद प्रायः सभी जापानी लड़के-लड़कियाँ नौकरी करना शुरू कर देते हैं। सौ में से निन्यानवे जापानी बाईस साल के होने तक जीवन की दूसरी पारी शुरू कर देते हैं। इस उम्र तक वे अकेले जीवन जीने का हुनर सीख चुके होते हैं। शरीरिक श्रम की जो ट्रेनिंग उन्हें दो साल के होने से शुरू करवाई जाती है, उसका ही लाभ है कि वे इतनी जल्दी ख़ूब मेहनत की ज़िन्दगी जीने के लिए ख़ुद को तैयार पाते हैं। मेहनत की शिक्षा जापानी समाज को इतिहास और प्रकृति से ही मिली है। बिना श्रम के जीवन जापान के इतिहास और प्रकृति में बहुत मुश्किल था और अब भी है। दूसरे विश्वयुद्ध तक का इतिहास आपसी और दुनिया के दूसरे देशों से लड़ाई का इतिहास है। प्रकृति भी जापानी लोगों को और और मजबूत बनने की लगातार प्रेरणा और चुनौती देती रहती है।

शिक्षा और उसके साथ जुड़े श्रम से जुड़ीं कुछ बातें विश्वविद्यालय में पढ़ रहे विद्यार्थियों से मालूम चलीं। उन्हें आप भी जानेंगे तो रोचक लगेंगी। विश्वविद्यालय में बारहवीं के बाद सभी विद्यार्थी दाखिला लेते हैं। उनकी उम्र इस समय अठारह-उन्नीस साल या कभी-कभी उससे अधिक होती है। स्नातक करने वाले वे सभी विद्यार्थी पाँच दिन सुबह से शाम तक डूबकर पढ़ाई और भरपूर गृहकार्य के बाद दो में से एक दिन या कभी दोनों दिन अंशकालिक काम भी करते हैं। कुछ विद्यार्थी रोज सुबह और शाम को भी अंशकालिक काम करते हैं। जापान में महँगी शिक्षा और जीवन-स्तर के कारण उन्हें ऐसा करना पड़ता है। सम्पन्न परिवारों से आने वाले विद्यार्थी भी पढ़ाई के साथ मेहनत करना, अंशकालिक काम करना शुरू कर देते हैं। जापानी समाज और कम्पनियों में मेहनत किये बिना जीना मुश्किल काम है।

एक और उदाहरण बनारस में पढ़कर आये एक जापानी विद्यार्थी से जुड़ा हुआ आप पढ़ें। ओसाका विश्वविद्यालय से कई विद्यार्थी दिल्ली विश्वविद्यालय, जेएनयू या भारत के अन्य विश्वविद्यालयों में हिन्दी पढ़ने जाते हैं। ऐसे ही एक छात्र तीनेक साल पहले बनारस गये। चूँकि जापान में शारीरिक श्रम को बहुत सम्मान के साथ देखा जाता है इसलिए विद्यार्थी पढ़ाई के साथ अंशकालिक काम करने में शर्मिंदा

नहीं होते हैं। वे बनारस में हिन्दी पढ़ने के साथ कुछ ख़र्चा निकालने के लिए काम खोजने गये। काम भारत में इतनी आसानी से नहीं मिलता है जैसे जापान में मिलता है। जापान में बाकायदा विश्वविद्यालय विद्यार्थियों की उन्हें काम खोजने में मदद करता है। वे जापानी छात्र बनारस विश्वविद्यालय के पास एक लस्सी वाले के पास गये और हिन्दी में बोले कि मुझे कोई काम मिल सकता है? लस्सी वाले भैया ने उन्हें हिन्दी बोलते देखा तो आश्चर्य हुआ। खैर उन्होंने जापानी विद्यार्थी को रोजाना कुछ घंटे का अंशकालिक काम दे दिया। वे जापानी विद्यार्थी जब मेरी कक्षा में आते तो अक्सर अपना किस्सा मुझे सुनाते। रिक्शेवाले भाई कैसे बीएचयू के लिए सवारियों को आवाज़ लगाते हैं? यह भी बोलकर बताते। और यह भी पूछते कि भारत में मेरी तरह काम करना ख़राब क्यों माना जाता है? सभी लोगों को आश्चर्य होता था कि जापान से आया यह छात्र यहाँ लस्सी बेचने का काम क्यों कर रहा है?

क्या मेहनत न करना हमारे बचपन के संस्कार नहीं हैं? क्यों हममें किसी मेहनत के काम के प्रति नफरत-सी भरी जाती है? क्यों हमारे समाज में कामों का भी वर्ण-भेद निश्चित किया जाता है? हम लोग किसी को मेहनत का काम करते देखकर उसे लाचार समझने लगते हैं। हम लोग आराम के काम और नौकरी को अपना जीवन-लक्ष्य बचपन से ही बना लेते हैं। हम घरों में होने वाले कामों में भी अपने बच्चों को शामिल नहीं करते हैं। हम लोग जरा-से साधन-सम्पन्न होते ही नौकर-चाकर वाले हो जाते हैं। हम लोग कस्बों-शहरों में विद्यालय आते-जाते बच्चों को हाथ झुलाते हुए चलते देखकर ख़ुश होते हैं और उनके बस्ते उनके माता-पिता, दादा-दादी या नौकर की पीठ पर होते हैं। जापान में ऐसी परनिर्भरता मैंने कहीं नहीं देखी। अध्यापक की तो छोड़िये विश्वविद्यालय के उप-कुलपति के घर जाने पर देखा कि वहाँ भी नौकर नहीं था। बच्चों के माता-पिता इस बात के लिए ख़ूब सतर्क होते हैं कि प्यार-दुलार देने और परनिर्भर बनाने में क्या अन्तर होता है।

शिक्षा को जापान ने राष्ट्र निर्माण का लक्ष्य आज नहीं सन् 1872 में ही मेईजी पुनःस्थापना के समय से ही मान लिया था। मेईजी पुनःस्थापना जापान के आधुनिक काल की शुरुआत का काल है। 1947 में बने नये कानून के अनुसार 15 साल तक के सभी बच्चों को समान और मुफ्त शिक्षा देने का संविधान के 26वें अनुच्छेद में प्रावधान है। कक्षा नौ तक की शिक्षा के बाद एक विद्यार्थी जापान और विश्व की काफी जानकारी ही नहीं पा जाता है बल्कि एक बेहतर नागरिक बनकर अपने जीवन को आगे चलाने का पर्याप्त कौशल सीख लेता है। शुरू में सबको नैतिक बनने के साथ श्रम करना सिखाया जाता है इसलिए इस उम्र तक सभी विद्यार्थी काफी

समझदार हो जाते हैं। पन्द्रह साल के बाद दसवीं कक्षा के लिए वे आगे पढ़ते हैं तो उन्हें अब परीक्षा देनी होती है। साथ ही अब आगे की शिक्षा मुफ्त नहीं होती है। ऐसी परीक्षाएँ सातवीं कक्षा के दाखिले के समय भी होती हैं। पाँचवीं तक तो किसी भी विद्यार्थी को अनुत्तीर्ण नहीं किया जाता है। आगे भी यही नियम चलता है। दसवीं में यह नियम कुछ बदलता है। प्रवेश परीक्षा अवश्य काफी सख्त होती है। सबसे सख्त परीक्षा विश्वविद्यालय में दाखिले के समय होती है। उसमें अनेक विद्यार्थी अनेक बार अनुत्तीर्ण हो जाते हैं। अपने मनपसन्द विश्वविद्यालय के लिए भी काफी कठिन परीक्षा देनी पड़ती है।

शिक्षा में 6-3-3-4 की प्रणाली जापान में लागू है। पहले 6 साल प्राथमिक, फिर 3 साल निम्न माध्यमिक और फिर 3 साल उच्च माध्यमिक और अन्त में 4 साल विश्वविद्यालय के जोड़कर सोलह वर्ष की शिक्षा प्राय: सभी जापानी विद्यार्थी पूरी करते हैं। अनेक विद्यार्थी कई कारणों से ऐसा नहीं भी कर पाते हैं। लेकिन जापान की जमीनी और वास्तविक साक्षरता दर आज से सौ साल पहले 1912 के आसपास ही सौ फीसदी हो चुकी है।

शुरुआत के तीन साल नर्सरी और पाँच साल तक किंडरगार्टन में शरीर और मन को सँवारने-स्वस्थ बनाने का प्रयास किया जाता है। उन्हें नैतिक शिक्षा के द्वारा एक अच्छा नागरिक बनने का संस्कार छोटी उम्र से ही देना शुरू हो जाता है। यह अदृश्य किस्म का नैतिक शिक्षण इतना सूक्ष्म होता है कि उसे करते हुए छोटे बच्चे आनन्द-आनन्द में ही सीख लेते हैं। वे छोटे बच्चों में नैतिक शिक्षा का बीज बोने के लिए रोजाना ऐसी मजेदार गतिविधियों का सहारा लेते हैं जिन्हें करते हुए बच्चे कुछ नया और ज़रूरी सीखता है। बच्चे अपने घर के जूते बाहर ही उतार कर अन्दर जाते हैं। नर्सरी या किंडरगार्टन के अन्दर पहने जाने वाले जूते पहनते हैं। अन्दर अपने खेलने के दूसरे कपड़े भी ख़ुद ही बदलते हैं। सिर्फ़ नर्सरी में ही उन्हें कुछ सहायता दी जाती है। बाद में अपने से जुड़े सभी काम बच्चे ख़ुद करने लगते हैं। किंडरगार्टन में बच्चे सफाई करना भी सीखते हैं। जब तक वे यह काम करना नहीं सीख लेते तब तक उनके माता-पिता छुट्टी के दिन किंडरगार्टन में श्रमदान करने आते हैं। इसलिए माता-पिता बच्चों को जल्दी आत्मनिर्भर बनाना चाहते हैं।

अब यहीं भारत और जापान का अन्तर फिर देखते हैं। जब किंडरगार्टन का बच्चा घर जाता है तो उसे वहाँ का माहौल भी सकारात्मक शिक्षा और दिशा देता है। लेकिन भारत में अनेक अभिभावक घर में दूसरी प्रणाली रचते हैं। शिक्षालयों को बिलकुल अलग व्यवस्था मानकर चलते हैं। घर पर भी जापान में बच्चे अपने

विद्यालयों से अलग या उलट माहौल नहीं पाते हैं। जबकि भारत में अनेक कारणों से अनेक अभिभावक ख़ुद को अपने बच्चों का अच्छा दोस्त और प्यारा शिक्षक नहीं बना पाते हैं। बच्चे घर में अलग शिक्षा पाते हैं और विद्यालयों में उन्हें अलग सीख सुनने भर को मिलती हैं। अगर आप किसी अमीर भारतीय बच्चे से विद्यालय में झाड़ू लगवा लेते हैं तो उसके माता-पिता आपकी शिकायत शिक्षा मन्त्री से कर सकते हैं। लेकिन जापान के सभी विद्यार्थी विद्यालयों में रोज़ सफाई करते हैं। टॉयलेट साफ़ करते हैं। खाना खाने के बाद फर्श साफ़ करते हैं। जापान के घरों और विद्यालयों में मिलने वाली सीख में बड़ा अन्तर नहीं है। यह अन्तर अनेक कारणों से भारत अभी दूर नहीं कर सकता है।

बिना किताबों के खेल-खिलाने और छोटी-छोटी बारीक़ बातें दो साल से सिखाना शुरू किया जाता है। जैसे सड़क कैसे पार करनी है? अपने साथी का हाथ पकड़कर पंक्ति में कैसे चलना है? कम चीज़ों को कैसे आपस में बाँटना है। यह सब जब मैंने देखा तो बहुत ख़ुशी हुई। इसी उम्र से शरीरिक श्रम का महत्त्व सिखाना शुरू कर दिया जाता है। लेकिन उससे भी पहले सिखाया जाता है दूसरों का ख्याल रखना और सम्मान करना। अपनी इच्छा को दूसरे की इच्छा से नीचे समझना। घर, बाहर और सड़कों पर भी यही नैतिक नियम सभी लोग ख़ुशी-ख़ुशी मानते हैं। यह बात पढ़कर नहीं, अनुभव करके लिख रहा हूँ। किसी को नुकसान न पहुँचाना, बचपन से ही सिखाया जाता है। 'अपना काम स्वयं करो' का सन्देश कहीं लिखा हुआ नहीं, घटित होते हुए देखता हूँ। छोटे-बड़े सभी लोग ज़िन्दगी में 'अपना काम स्वयं करो' का सन्देश लागू करते हुए दिखाते हैं। छोटे बच्चे भी अपने माता-पिता के साथ दुकानों में सामान लेते आते हैं तो वे अपने मतलब का छोटा-सा सामान अपनी छोटी ट्रोली में लेकर आगे-पीछे चलते हैं। बहुत कम बच्चे गोदी में दिखते हैं। पहले यह सब देखकर बड़ा अजीब लगता था लेकिन अब इसका दूरगामी लाभ समझ आने लगा। किसी शिक्षक से पहले माता-पिता अपने बेटे-बेटियों को अपना काम ख़ुद करो का मन्त्र सिखा देते हैं। यह सब इतनी सरलता और मजेदार ढंग से होता है कि उसे सभी जापानी बच्चे बचपन में जो सीखते हैं उसे मरते दम तक नहीं भूलते। इसीलिए अस्सी-पचासी साल के बूढ़े-बुढ़ियाँ अपना सामान ख़ुद उठाते हैं और मरने के दिन तक अपना काम ख़ुद करते हैं। नौकर रखने या किसी से अपने शरीर के लिए मदद लेना जापानी समाज को शायद अच्छा नहीं लगता है। किसी बूढ़े को आप आराम से बसों और ट्रेनों में मज़े से खड़ा देख सकते हैं। अपनी सीट उन्हें देने का संकेत करने पर वे मना कर देते हैं।

अगर विद्यालय का अपना खेत है तो खाने की चीजें उपजाते हैं। सभी विद्यालयों में खाना मिलता है। खाना बहुत संतुलित और स्वास्थ्यवर्धक होता है। खाना खाने का समय होते ही उस काम के लिए आज जिन विद्यार्थियों का दायित्व है वे रसोईघर से खाना लाते हैं। सभी विद्यार्थियों को खाना परोसा जाता है। खाना खाने से पहले सभी जापानियों द्वारा बोला जाने वाला शब्द 'इतादाकिमस' बोला जाता है। इसका अर्थ है कि जिन्होंने भी इस खाने को मुझ तक पहुँचाने का काम किया उन सभी का शुक्रिया अदा करता/करती हूँ। शिक्षक भी वही खाना साथ में खाते हैं। खाना खाने के बाद खाने की तारीफ़ की जाती है और फिर कमरे की सफाई सब मिलकर करते हैं। बर्तन धोने की तो विद्यालयों में व्यवस्था होती है। शुरू से ही ख़ूब पढ़ाई और आनन्द के साथ जीवन के लिए ज़रूरी कलाएँ, आदतें, कौशल सिखाए जाते हैं। यहाँ तक कि सभी को सिलाई करना भी सिखाया जाता है। श्रम के प्रति प्रेम और सम्मान बचपन से ही सिखा दिया जाता है।

अधिकतर घरों में माता-पिता नौकरी करते हैं तो बच्चे सुबह से शाम तक किसी न किसी रूप में व्यस्त रहते हैं। सुबह विद्यालय जाने के बाद अलग से चीनी लिपि का अभ्यास (जिन्हें कांजी कहा जाता है, उन्हें लिखना), चित्रकला, कैलीग्राफी, खेल, तैराकी, जूडो-कराटे, संगीत, वाद्य यंत्र, और नाचना आदि सीखने जाते हैं। कभी-कभी शाम को पाँच बजे जब मैं घर लौट रहा होता हूँ तो बड़े-बड़े बस्ते लादे बच्चे-बच्चियाँ भी अपने घर की ओर कुछ-कुछ सीखकर लौट रहे होते हैं। सुबह साढ़े आठ से साढ़े तीन बजे तक विद्यालय में पढ़ते हैं। फिर अन्य विषय और कलाएँ सीखते हैं।

शाम को घर लौटकर सात बजे या अपने परिवार के समय अनुसार खाना खाते हैं। विद्यालय का काम करते हैं। गृह-कार्य भी काफी दिया जाता है। यह मुझे काफी थकाने वाला जीवन लगता है। लेकिन इसी तरह से वे अपने जीवन को बचपन से ही पक्का करते हैं। इसमें कहीं दण्ड का विधान नहीं है। विद्यार्थियों के आराम की भी परवाह की जाती है। शरीर और मन को मजबूत बनाने के लिए समाज और परिवार शुरू से ही ध्यान देता है। अभी पाठ्यक्रम और गृहकार्य को कम करने के भी प्रयास किये जा रहे हैं।

छोटे बच्चे ख़ूब अच्छे खिलाड़ी बनाये जाते हैं। लड़कियाँ ख़ूब मजबूत और स्वतन्त्र होती हैं। जितनी मेहनत दस साल का एक जापानी बच्चा या बच्ची कर सकती है मुझे शक है कि मध्यवर्गीय परिवार का उसी उम्र का कोई शहरी भारतीय बच्ची या बच्चा उतनी मेहनत कर सकता है या नहीं। यह प्रतिस्पर्धा की नहीं सबल

बनाने की बात है। श्रम करना सिखाने और श्रम के प्रति सम्मान भरने की बात है। इसमें खान-पान का भी बड़ा योगदान है। जापान लगभग सौ प्रतिशत मांसाहारी देश है। अनेक तरह के मांस यहाँ खाए जाते हैं। ताज़ा फल और सब्जियाँ भी ख़ूब उपलब्ध होती हैं। इन सभी स्थितियों के कारण भी जापानी लोग शुरू से मेहनती और ताकतवर होते हैं। दुनिया के बड़े खेल आयोजनों में जापान के खिलाड़ियों को देखकर इसका अन्दाज़ा लगाया जा सकता है कि विद्यालय-जीवन से ही ख़ूब मेहनत करना उन्हें सिखाया गया है।

जापान में हिन्दी : इतिहास और वर्तमान

जापान में हिन्दी भाषा आने से डेढ़ हज़ार साल पहले देवनागरी लिपि में प्रचलित कुछ वर्ण आये। अभी भी कोया सान नामक बौद्ध मत की एक तन्त्र शाखा के समाधि स्थलों के पत्थरों पर [ख] आदि पाँच नागरी वर्ण उत्कीर्ण हैं। बौद्ध धर्म के साथ जापान में नागरी से पूर्व की लिपियाँ और भाषाएँ भी आ चुकी थीं। व्यापारिक सम्बन्ध बनने के कारण हिन्दी या कोई भी भारतीय भाषा बोलने वाले जन जापान में उन्नीसवीं सदी के अन्तिम दशक में आने लगे थे।

यह सर्वविदित तथ्य है कि विदेशी भाषा के रूप में हिन्दी सबसे पहले सम्भवत: कलकत्ता के फोर्ट विलियम कॉलेज में पढ़ी-पढ़ाई जानी शुरू हुई थी। भारत के बाहर विदेशी भाषा के रूप में हिन्दी शिक्षण का सबसे पुराना इतिहास फ्रांस और जर्मनी से जुड़ा है। हिन्दी या कहें हिन्दुस्तानी का पहला इतिहास लिखने वाले फ्रांसीसी विद्वान गार्सां द तासी (1794-1878) 1830 ई. में हिन्दुस्तानी भाषा के स्थायी प्रोफेसर बनाए गये थे।

और फिर जर्मनी के हमबोल्ट विश्वविद्यालय में गुजराती और हिन्दुस्तानी का शिक्षण 1896 ई. के आसपास शुरू हुआ।

इसके बाद जापान के तोक्यो भाषा विद्यालय में हिन्दी शिक्षण का आरम्भ 1908 ई. में शुरू हुआ। यह परम्परा आज भी चल रही है। श्री नोनी एल. दत्त जी जापान में हिन्दी पढ़ाने वाले पहले अध्यापक थे। उनके बारे में अब कोई अन्य जानकारी उपलब्ध नहीं है। केवल यह ज्ञात हो सका है कि वे योकोहामा शहर में रहते थे। शुरुआत में जापान में हिन्दी पढ़ाने के लिए जिन अध्यापकों की सेवाएँ ली गयीं वे मूलत: अध्यापक न होकर व्यापारी वर्ग से सम्बन्धित थे। लेकिन ऐसा सिर्फ़ शुरुआती शिक्षकों के लिए ही कहा जा सकता है। तोक्यो में नोनी एल. दत्त जी के बाद प्रसिद्ध स्वतन्त्रता सेनानी मौलाना बरकतुल्ला 'भोपाली' (1854-1927) जापान

आये थे। बहुभाषाविद और गदर पार्टी से जुड़े क्रान्तिकारी मौलाना बरकतुल्ला 'भोपाली' ने तोक्यो के भाषा विद्यालय में पाँच साल तक हिन्दुस्तानी पढ़ाई।

जापान में जर्मनी की ही तरह हिन्दी न पढ़ाकर शुरुआत में हिन्दुस्तानी पढ़ाई जाती थी। लिपि भी अरबी-फारसी ही थी। जापान में यह स्थिति कमोबेश भारत की आजादी तक बनी रही। बाद में हिन्दी और उर्दू अलग-अलग भाषाओं के रूप में पढ़ाई जाने लगीं।

तोक्यो के अलावा जापान में हिन्दी शिक्षण का दूसरा बड़ा केंद्र ओसाका बना। 1921 ई. में ओसाका भाषा विद्यालय की स्थापना हुई। उसके एक वर्ष बाद 1922 ई. से ओसाका में हिन्दुस्तानी का शिक्षण आरम्भ हुआ। श्री मदन लाल सराफ़ यहाँ पहले शिक्षक नियुक्त हुए। वे मूलतः भेषज विद्या (फार्मेसी) के विद्वान थे और वे काशी हिन्दू विश्वविद्यालय में फार्मेसी के जनक माने जाते हैं।

जापान में हिन्दी शिक्षण के आरम्भ होने का मूल कारण व्यापार था। जापान तत्कालीन भारत से कपास आदि चीजों का आयात करने लगा था। भारत के उद्योगपति आर डी टाटा (1856-1926) उनके चचेरे भाई जमशेदजी टाटा (1839-1904) और जापान के उद्योगपति शिबुसावा एईचि (1840-1931) के बीच व्यापार का समझौता 1895 ई. के लगभग हो चुका था। दोनों देशों के बीच (बंबई और कोबे के बीच) जलमार्ग से आवागमन होने लगा था। बहुत सारे भारतीय व्यापारी जापान आकर बसने लगे। इसी परिदृश्य में जापान में हिन्दी शिक्षण का आरम्भ होता है।

भारतीय शिक्षकों और कुछ ही समय बाद जापानी शिक्षकों ने जापान में हिन्दी शिक्षण को आसान और व्यापक बनाने का भगीरथ प्रयास किया। भाषा शिक्षण के लिए शुरुआत में होने वाली समस्याओं के लिए जापानी में पाठ्य पुस्तकें, द्विभाषी शब्दकोश, अध्ययन सामग्री और बड़ी मात्रा में हिन्दी साहित्य का जापानी में अनुवाद, नये समय के अनुसार शिक्षण सामग्री का निर्माण जापान में ख़ूब हुआ है।

तोक्यो विदेशी भाषा विद्यालय और वर्तमान में तोक्यो यूनिवर्सीटी ऑफ़ फ़ॉरैन स्टडीज़ में हिन्दी/हिन्दुस्तानी पढ़ाने वाले कुछ प्रमुख जापानी शिक्षकों का संक्षिप्त परिचय निम्नलिखित है–

श्री एइजो सावा (1896-1978) तोक्यो विदेशी भाषा विद्यालय से स्नातक करने वाले और हिन्दुस्तानी शिक्षण को अपने कार्यों से बेहतर बनाने वाले पहले प्रमुख विद्वान थे। उन्होंने 1920 में तोक्यो विदेशी भाषा विद्यालय से स्नातक की उपाधि ली। और फिर 1923 में वे ओसाका में हिन्दुस्तानी विभाग के रीडर बनकर आ गये।

लगभग अड़तीस साल अध्यापन करने के बाद 1961 में वे सेवानिवृत्त हुए। 1948 में उन्होंने 'हिन्दी प्रवेशिका' नामक किताब प्रकाशित कारवाई। यह जापान में देवनागरी में छपी पहली पुस्तक है। वे अपनी उर्दू कक्षा में प्रेमचंद की कृति 'मैदान ए समर' पढ़ाते थे और हिन्दी की कक्षा में 'कर्मभूमि' पढ़ाते थे।

श्री रेइचि गामो जी (1901-1977) हिन्दुस्तानी भाषा विभाग तोक्यो में 1925 में अध्यापक बनकर आये। 39 वर्ष पढ़ाने के बाद 1964 में वे सेवानिवृत्त हुए। वे जब भारत में अध्ययन के लिए गये हुए थे उसी दौरान 18 अक्टूबर 1936 को जामिया मिल्लिया इस्लामिया में आयोजित प्रेमचंद की शोकसभा में शामिल हुए थे। उन्होंने 1938 में 'हिन्दुस्तानी ग्रामर' नामक किताब लिखी थी।

श्री क्यूया दोई जी ने तोक्यो यूनिवर्सीटी ऑफ फ़ॉरेन स्टडीज़ में 1946 से लेकर 1979 तक लगभग 34 साल तक अध्यापन कार्य किया और हिन्दी का स्वतन्त्र विभाग भी स्थापित किया। हिन्दी में उनकी सेवाओं के लिए 'विश्व हिन्दी सम्मान' से सम्मानित किया गया। जापान में हिन्दी के किसी विद्वान को भारत सरकार द्वारा दिया गया यह पहला सम्मान था। अभी तक यह सम्मान आठ जापानी विद्वानों को मिल चुका है। जिनके नाम हैं–श्री क्यूया दोई जी, श्री कात्सुरो कोगा जी, श्री तोमियो मिज़ोकामी जी, श्री तोशियो तनाका जी, श्री ताकेशी फूजिइ जी, श्री हिदेआकि इशिदा जी श्री अकिरा ताकाहाशि जी और श्री मिकि यूइचिरो जी। श्री क्यूया दोई जी ने 'हिन्दी-जापानी शब्दकोश' और 'हिन्दी प्रचार पुस्तिका' लिखी। आचार्य विनोबा के कहने पर देवनागरी में 'जापानी भाषा प्रवेश' लिखी थी। उन्होंने गोदान का जापानी में अनुवाद किया। प्रेमचंद के साथ-साथ जैनेन्द्र, सुमित्रा नन्दन पंत और महादेवी वर्मा आदि की कृतियों का अनुवाद किया। 'हिन्दी क्रिया विशेषण' और 'हिन्दी में 'ह'' पर लेख लिखे। 1983 में दोई जी का निधन हो गया। ये तीनों ही विद्वान जापान में हिन्दी/हिन्दुस्तानी शिक्षण की नींव मजबूत करने वाले पुरोधा थे।

इनके बाद श्री कात्सुरो कोगा जी, श्री तोशियो तनाका जी, श्री तोमियो मिज़ोकामी जी, श्री कजुहिको माचिदा, श्री अकिरा ताकाहाशि जी, श्री ताकेशी फूजिइ जी, श्री हिदेआकि इशिदा, श्री योशिफुमी मिजुनो जी, श्रीमती हिरोको नागासाकी जी, सुश्री मिकि निशिओका जी और श्रीमती चिहिरो कोइसो जी आदि के नाम बेहद उल्लेखनीय हैं।

श्री कात्सुरो कोगा जी ने अपनी चलीस वर्षों की मेहनत के बाद हिन्दी-जापानी शब्दकोश के क्षेत्र में बहुत बड़ा कार्य किया। उनका शब्दकोश हिन्दी के साथ किसी

भी अन्य भाषा का सबसे बड़ा कोश है। इसमें लगभग अस्सी हजार शब्द शामिल हैं। और अगर सभी उदाहरणों के शब्दों को भी गिन लिया जाये तो यह संख्या दो लाख के पास पहुँचती है। उन्होंने हिन्दी लोकोक्तियों पर भी कई महत्त्वपूर्ण लेख लिखे हैं।

श्री तोशियो तनाका जी ने अनुवाद के ज़रिये विपुल कार्य किया है। हिन्दी साहित्य को जापानी पाठकों तक पहुँचाने का महत्त्वपूर्ण कार्य उन्होंने किया है। गांधी जी की आत्मकथा का मूल गुजराती से जापानी भाषा में अनुवाद किया है।

श्री तोमियो मिज़ोकामी जी ने रामायण, फिल्मी गीतों और नाटकों के जरिए जापान में हिन्दी शिक्षण को रोचक और प्रभावी बनाने का कार्य किया है। वे इस समय भी सक्रिय रूप से हिन्दी की सेवा कर रहे हैं। उनके कार्यों के लिए भारत सरकार ने उन्हें 2018 में पद्मश्री से भी सम्मानित किया है।

श्री अकिरा ताकाहाशि जी ने अपने गुरु श्री कात्सुरो कोगा जी के साथ मिलकर हिन्दी जापानी शब्दकोश निर्माण का कार्य किया था। साथ ही उन्होंने 'मुल्ला वजही कृत 'सबरस' की दक्खिनी हिन्दी का भाषा विश्लेषण' किया। 1983 में उनकी यह किताब भारत में सम्भावना प्रकाशन से प्रकाशित है। किसी जापानी अध्यापक की भारत में प्रकाशित यह पहली किताब है। इस समय आप मराठी भाषा पर काम कर रहे हैं और जापानी-मराठी शब्दकोश के निर्माण में दत्तचित्त होकर लगे हैं।

उपर्युक्त इन हिन्दी विद्वानों के अलावा अनेक विद्वान और हैं, जो अध्यापन, लेखन, अनुवाद, सम्पादन, फिल्मों के उपशीर्षक देकर हिन्दी का जापान में प्रचार-प्रसार कर रहे हैं।

तोक्यो और ओसाका में लगभग पचास से अधिक भारतीय अध्यापकों ने पिछले एक सौ तेरह सालों में हजारों जापानी विद्यार्थियों को हिन्दी पढ़ाई है।

तोक्यो विदेशी भाषा विद्यालय और वर्तमान में तोक्यो यूनिवर्सीटी ऑफ़ फोरेन स्टडीज़ में हिन्दी पढ़ाने वाले लगभग पैंतीस भारतीय शिक्षकों के नाम निम्नलिखित हैं- श्री नोनी एल. दत्त जी (1908-1909), श्री मौलाना बरकतउल्ला भोपाली जी (1909-1914), श्री देवलीलाल सिंह जी (1914-1916), श्री हरिहरनाथ तोरल अटल जी (1916-1921), श्री एच. डी. चतर जी (1922 दो महीने तक), श्री हेनरी ड्रैमंड जी (1922-1924) श्री केशोराम सब्बरवाल जी (1924-1925), श्री विशम्भर दत्त जी (1924-1925) श्री अतरसेन जैन जी (1926-1929), श्री केशोराम सब्बरवाल जी (1930 दो सत्र के लिए), श्री बदरुल इस्लाम फैज़ली जी (-1932 1930), श्री केशोराम सब्बरवाल जी (1932 चार महीनों के लिए), श्री मोहम्मद

नूरुल हसन् बरलास जी (1933-1949 बीच के कुछ समय भारत चले गये थे), श्रीमती कमला रत्नम जी (1949 ?-1952 अंशकालिक और अवैतनिक), श्री कृपालु सिंह शेखावत जी (1952 -? 1954), श्री सत्यप्रकाश गांधी जी (? -1976 1954), श्रीमती खन्ना जी (कुछ कक्षाएँ, अवैतनिक), श्री एम. एस. झवेरी जी (1969 -?, अंशकालिक शिक्षक), श्री श्यामसुन्दर जोशी उर्फ़ श्यामू संन्यासी जी (1976-1979), श्रीमती इंदु जैन जी (1979-1981 भारत से जापान आकर हिन्दी पढ़ाने वालीं पहली शिक्षिका), श्रीमती राज बुद्धिराजा जी (1981-1983), बद्रीनाथ कपूर जी (1983-1986), श्रीमती इंदुजा अवस्थी जी (1986-1988), श्रीमती निशा कुकरेजा जी (1988-1990), श्री लक्ष्मीधर मालवीय जी (1990-1991), श्री सत्यप्रकाश मिश्र जी (1 अप्रैल 1991- 31 मई 1991), श्रीमती सरस्वती भल्ला जी (1991-1992), श्रीमती मंजुला दास जी (1992-1994), श्रीमती मीरा श्रीवास्तव जी (1994-1996), श्री कृष्णदत्त शर्मा जी (1996-1999), श्री कृष्ण दत्त पालीवाल जी (1999-2002), श्री सुरेश ऋतुपर्ण जी (2002-2012), श्री रामप्रकाश द्विवेदी जी (2012-2017), श्रीमती ऋचा मिश्रा जी (2017-2018), श्री श्याम सुन्दर पाण्डेय जी (2019-2021), श्रीमती इंदिरा भट्ट जी (2021 चार महीनों के लिए) श्री सूरज प्रकाश बड़त्या जी (अक्टूबर 2021-मार्च 2024), श्री ऋषिकेश मिश्र जी (अप्रैल 2024 से अब तक)

ओसाका विदेशी भाषा विद्यालय और वर्तमान में ओसाका विदेशी भाषा विश्वविद्यालय में शुरुआत से लेकर अब तक लगभग सत्रह भारतीय अध्यापकों ने अपनी सेवाएँ दी हैं। उनके नाम निम्नलिखित हैं–

श्री महादेव लाल सराफ़ जी (1922 अप्रैल से दिसम्बर तक), श्री करीम जी (1923-1928), श्री अतर सेन जैन जी (1929-1934), श्री मदनलाल जैन जी (1935-1938), श्री संत राम वर्मा जी (1939-1962), श्री राधे श्याम खेतान जी (1962-1963), श्री जगत दवे जी (1963-1965), श्री लक्ष्मीधर मालवीय जी (1966-1990) श्रीमती सुजाता कुलश्रेष्ठ जी (1990-1992), श्री गिरीश बक्शी जी (1992-1994), श्री हरजेन्द्र चौधरी जी (1994-1996), श्री धर्मपाल गांधी जी (1996-1998), श्री अश्वनी कुमार श्रीवास्तव जी (1998-2000), श्री अरुण चतुर्वेदी जी (2000-2002), श्रीमती गीता शर्मा जी (2002-2005), सुश्री यासमीन सुलताना नकवी जी (2005-2010), श्री हरजेन्द्र चौधरी जी (2010-2012), श्री चैतन्य प्रकाश योगी जी (2012-2017)

जापान में हिन्दी के दो प्रमुख केन्द्र तोक्यो यूनिवर्सीटी ऑफ़ फॉरेन स्टडीज और ओसाका यूनिवर्सीटी ऑफ़ फॉरेन स्टडीज हैं। इन दो सरकारी विश्वविद्यालयों के अलावा तोक्यो के ही आसपास लगभग पन्द्रह जगहों पर हिन्दी किसी न किसी स्तर या रूप में पढ़ाई जाती है। जिनमें एक अनुमान के अनुसार हर साल दो सौ विद्यार्थी दाखिला लेते हैं। कुछ प्रमुख विश्वविद्यालयों के नाम निम्नलिखित हैं–तोकाई विश्वविद्यालय, दाइतो-बुनका विश्वविद्यालय, एशिया विश्वविद्यालय, ताकुशोकु विश्वविद्यालय, तोक्यो विश्वविद्यालय आदि।

जापान से हिन्दी में प्रकाशित होने वाली दो पत्रिकाएँ भी निकलीं। पहली पत्रिका का नाम 'ज्वालामुखी' था। इस पत्रिका के सम्पादक योशिअकि सुजुकि समेत सभी लोग जापानी थे। 1980 से लेकर 1986 तक यह वार्षिक पत्रिका निकलती रही। दूसरी पत्रिका सुश्री यास्मीन सुल्ताना नकवी जी निकालती थीं। उनकी पत्रिका का नाम 'साकूरा की बयार' था। इस पत्रिका में जापान और भारत दोनों देशों के लेखक होते थे।

जापान में अनेक अन्तरराष्ट्रीय साहित्यिक कार्यक्रम भी आयोजित किये गये। 29-30 जुलाई 2006 को पहला अन्तरराष्ट्रीय हिन्दी सम्मेलन तोक्यो में आयोजित किया गया। इसके बाद अनेक कार्यक्रम आयोजित किये गये। हर साल दस जनवरी को या उसके आसपास तोक्यो और ओसाका में दूतावास और कोंसुलेट जनरल द्वारा हिन्दी दिवस का भी आयोजन किया जाता है। इस आयोजन में तोक्यो यूनिवर्सीटी ऑफ़ फॉरेन स्टडीज और ओसाका यूनिवर्सीटी ऑफ़ फॉरेन स्टडीज के शिक्षक और विद्यार्थी भाग लेते हैं और नाटक का भी मंचन करते हैं।

हिन्दी नाट्य मंचन की सुदीर्घ परम्परा भी जापान के इन दो विश्वविद्यालयों में रही है। तोक्यो में 1921 में सबसे पहले 'बुद्ध' शीर्षक नाटक के मंचन की जानकारी मिलती है। उसके बाद अगले साल 1922 में 'राजा-रानी' नामक नाटक का मंचन हुआ। 1928 में 'कर्बला' शीर्षक नाटक खेला गया तो 1931 में 'डाकघर' के मंचन का जिक्र मिलता है। 1933 में 'प्रतिज्ञा' नामक नाटक मंचित किया गया। यह परम्परा कई बार बीच में रुक गयी। लेकिन वर्तमान समय में दोनों विश्वविद्यालयों में यह परम्परा चल रही है।

नाटक के सिलसिले में श्री तोमिओ मिज़ोकामि जी का नाम सर्वाधिक उल्लेखनीय है। उन्होंने शौकिया विद्यार्थियों को साथ लेकर जापान ही नहीं दुनिया भर में दस साल में सौ नाट्य प्रस्तुतियाँ कीं। 2001 में जापान में भारत के प्रधानमन्त्री

श्री अटल बिहारी वाजपेयी जी के समक्ष ओसाका में भी एक नाटक का मंचन करवाने का अविस्मरणीय अनुभव प्राप्त किया।

हिन्दी फ़िल्में दुनियाभर की तरह जापान में भी बहुत लोकप्रिय हैं। जापानी उपशीर्षकों की मदद से जापानी दर्शक अब हिन्दी समेत अनेक भारतीय भाषाओं की फिल्मों का आनन्द लेते हैं। इस क्षेत्र में श्रीमती तामाकि मात्सुओका जी का विशिष्ट स्थान है। इसी प्रकार का एक माध्यम एनएचके भी है। जापान का सरकारी प्रसार माध्यम है। एनएचके पर हिन्दी में भी सेवाएँ उपलब्ध हैं। जापान में हिन्दी में समाचार के साथ-साथ हिन्दी में जापानी सिखाने के लिए यह भारतीय श्रोताओं के बीच लोकप्रिय है। जापान में विद्यार्थियों को भी मानक हिन्दी के उच्चारण सुनने का अच्छा माध्यम प्रस्तुत करता है।

कई बार दाखिला लेते समय कुछ विद्यार्थी यह सवाल पूछते हैं कि भारत में अधिकतर लोग अब अंग्रेजी ही बोलने लगे हैं तो हिन्दी पढ़ने का क्या लाभ है?

यह सच है कि हिन्दी को इस समय अंग्रेजी भाषा और रोमन लिपि से काफी संघर्ष करना पड़ रहा है। लेकिन सच यह है कि भारत की सबसे ज़्यादा बोली जाने वाली और एकमात्र सम्पर्क भाषा हिन्दी ही है। अंग्रेजी के कारण हिन्दी का शब्द भण्डार और वाक्यों का अंग्रेजी तरीका शामिल होता जा रहा है लेकिन इस संक्रमण दौर के बाद भी हिन्दी भारत की प्रमुख भाषा रहेगी। इसलिए भारत को अच्छे से जानने वालों के लिए या कम्पनियों के लिए हिन्दी की उपयोगिता बनी ही रहेगी। इसलिए जापान में हिन्दी का भविष्य किसी प्रकार से कमजोर नजर नहीं आता है।

हिन्दी सीखकर कुछ जापानी विद्यार्थी अपने यूट्यूब चैनल भी चला रहे हैं। उनमें से सबसे लोकप्रिय ओसाका विश्वविद्यालय की पूर्वछात्रा मायो जी हैं। साथ ही कोहेई भी काफी प्रसिद्ध जापानी यूट्यूबर हैं। इन युवाओं के कारण भी न केवल जापान बल्कि भारत में भी हिन्दी जानने वाले लोग इन्हें ख़ूब देखते-सुनते हैं।

जापानी भाषा में कई बार ऐसे शब्द सुनाई देते हैं जो हिन्दी में भी हैं। जैसे ओसेवा यह शब्द सेवा का ही जापानी रूप है। जैसे कुश यह हिन्दी कुश या घास के लिए प्रयुक्त होने वाला शब्द है। हिन्दी शब्द तोरण के लिए तोरी शब्द जापानी में इस्तेमाल होता है। एक अन्दाज़े के अनुसार जापानी भाषा में ऐसे दो सौ शब्द हैं जो संस्कृत से आये हैं और वे हिन्दी में भी प्रचलित हैं। वैसे हिन्दी में रिक्शा शब्द मूलतः जापानी रिकि+शा का हिन्दी रूप है।

अभी कुछ दिन पहले ओसाका शहर में एक बहुत बड़ी दुकान में घूमते

हुए हिन्दी में उद्घोषणा सुनी। वहाँ पर विश्व की अनेक भाषाओं में ग्राहकों को जानकारी दी जा रही थी। उनमें हिन्दी की उपस्थिति सुनकर अच्छा लगा। ओसाका विश्वविद्यालय के मिनोह परिसर की एक दुकान का नाम 'शान्ति' है। और उसे देवनागरी लिपि में ही लिखा गया है। यह सब देखकर लगता है कि हिन्दी की उपस्थित जापान में लगातार बढ़ रही है।

इस प्रकार हम लोग देख सकते हैं कि जापानी समाज में हिन्दी की व्याप्ति कितनी और कैसी है? इस व्याप्ति के आधार को भी जानने की कोशिश इस लेख में की गयी है।

तोत्तो चान और उसका अनोखा विद्यालय

आप जरूर तोत्तो चान को जानते होंगे। अपने आस पास उसे देखा भी होगा। हाँ उसका नाम तोत्तो चान की जगह कुछ और हो सकता है। लेकिन दुनिया में शायद कोई जगह ऐसी नहीं होगी जहाँ तोत्तो चान न मिले।

चलो, दुनियाभर की तोत्तो चान के दिल की बात को कहने वाली तोत्तो चान से मिलने चलते हैं। इसके लिए हमें जापान के टोक्यो नामक शहर के पास चलना होगा। अपनी यह यात्रा बहुत मजेदार होगी।

इस यात्रा में हमें कई लोग मिलेंगे। पहले उनके बारे में कुछ जान लेते हैं। बाकि बातें तोत्तो चान के ही मुँह से सुनेंगे।

तोत्तो चान को तोत्तो चान बनाने वाले उसके दो शिक्षक हैं। पहली शिक्षक उसकी माँ और दूसरे शिक्षक तोमोए विद्यालय के हेडमास्टर कोबायाशी जी।

तोत्तोचान को उसके पहले विद्यालय से निकाल दिया गया है। यह बात तोत्तो चान की माँ को ही मालूम है। अब वह अपने नये विद्यालय में जा रही है। यहाँ वह मिलती है केवल पचास विद्यार्थियों के छोटे से अनोखे स्कूल के हेडमास्टर श्री कोबायाशी जी से। दो पेड़ों से बने स्कूल के दरवाजे को पार कर तोत्तो माँ के साथ स्कूल में दाखिल हो रही है। माँ सोच रही है कि कहीं इस स्कूल से भी तोत्तो चान को निकाल न दिया जाये। या कहीं दाखिला ही न दिया जाये। पिछले स्कूल में तोत्तो की शिक्षिका ने तोत्तो को सिर्फ़ इसलिए अपने स्कूल से निकाल दिया कि वह बस्ता रखने की दराज को बड़ी तेज आवाज़ के साथ अनेक बार खोलती और बन्द करती है। राह चलते गाने-बजाने वालों से संगीत सुनती है। वह बहुत बातूनी है। नया जानने और करने के लिए भयंकर उत्साही है। वह अपने खेल में कक्षा के सभी छात्र-छात्राओं को भी शामिल कर लेती है।

तोत्तो चान की माँ उसे तोमोए नामक नये स्कूल में ले आती हैं। हेडमास्टर

कोबायाशी जी तोत्तो की माँ से कहते हैं कि उसे छोड़कर वे घर जायें। अब तोत्तो चान की मुलाकात होती है कोबायाशी जी से। उन्होंने तोत्तो चान से अपने बारे में कुछ भी बोलने के लिए कहा और सुनने के लिए तैयार हो गये। तोत्तो चान को बोलते कितनी देर हो गयी यह उसे नहीं मालूम। शायद चार घंटे तो बीत ही गये होंगे। और वह लगातार बिना थके बोलती रही। कोबायाशी जी बिना थके सुनते रहे।

आप जरूर ऐसे अनेक बच्चों को जानते होंगे जो तोत्तो चान से मिलते-जुलते होंगे। लेकिन क्या आपके जीवन में कोई शिक्षक कोबायाशी जी की तरह आया है? जो इतने धीरज से सात साल की बच्ची से उसकी बातें आनन्द के साथ चार घंटे तक सक्रिय उत्सुकता से सुनता रहे। जरूर आये होंगे। लेकिन उनकी संख्या काफी कम ही रही होगी।

शिक्षक का पहला गुण उसका ज्ञान है या शिष्य-वत्सल व्यवहार? आपको क्या लगता है? सच-सच बताइए।

खैर छोड़िए इस बात को आगे चलते हैं।

तेत्सुको कुरोयानागी को बचपन में सब लोग तोत्तो चान कहते थे। तोत्तो चान के पिता वायलिन वादक थे। संगीत उसे बचपन से ही प्रिय रहा। जो भी चीज देखती उसे जानने की कोशिश करती। उसके साथ खेलने का सम्बन्ध बना लेती। कोई भी नयी जगह देखती तो उस पर कूदने लगती। भले ही इस कारण उसे चोट लग जाये।

तोत्तो चान की याददास्त बहुत अच्छी है। उसे अपने बचपन की हर बात याद मालूम पड़ती है।

उसे जब दूसरे स्कूल में दाखिला मिल गया तो वहाँ बहुत सारे नये दोस्त और अनुभव मिले। स्कूल के हेडमास्टर श्री कोबायाशी जी ने इस स्कूल को स्कूल जैसा नहीं बनाया था। यह स्कूल तो लगता ही नहीं था। जहाँ पर तोत्तो चान की कक्षाएँ लगती थीं वहाँ क्लास रूम ही नहीं थे। तो वहाँ क्या था? वहाँ रेल के पुराने डिब्बे थे। उन डिब्बों में लगती थीं तोमोए स्कूल की कक्षाएँ। यहीं पर तोत्तो चान को अपने नये दोस्त और अनुभव मिले।

तो अब तोत्तो चान के नये दोस्तों से मिलते हैं।

पहले दोस्त से तो आप मिल ही चुके हो। इस स्कूल में श्री कोबायाशी जी तोत्तो चान के पहले दोस्त बने। ऐसे दोस्त बने, जिन्हें तोत्तो चान ने जीवन में अब तक याद रखा है। अब भी तोत्तो चान जीवित हैं। उन्नीस सौ तैंतीस में जन्मी थीं तोत्तो चान। इस समय टोक्यो में रहती हैं। जब वे सात साल की थीं तब कोबायाशी जी सैंतालीस

साल के रहे होंगे। इतने बड़े दोस्त थे कोबायाशी जी। वे तोत्तो चान की ही तरह सभी विद्यार्थियों के दोस्त थे। तोत्तो चान से चालीस साल पहले जन्मे कोबायाशी जी शिक्षक नहीं थे। वे कुछ भी सिखाने पर जोर नहीं देते थे। बच्चों को समझते थे और उन्हें ख़ुद सीखने की स्थितियाँ उपलब्ध करवा देते थे। वे बच्चों पर इतना भरोसा करते थे कि बच्चों को भी ख़ुद पर भरोसा होने लगता था। वे शरारत करती तोत्तो चान से जब भी मिलते तो कहते "तुम सच में बहुत अच्छी लड़की हो।" उसे कीचड़ से कुछ खोजते और वहाँ गन्दगी का ढेर लगाते देखते तो भी उसे मना नहीं करते। वे इतने अच्छे दोस्त थे, जो अपने हर दोस्त पर ख़ूब भरोसा करते थे।

किसी की गलती के बाद उसे समझाने या प्रतिक्रिया करने का तरीका उस व्यक्ति को विशेष बनाता है। तोत्तो चान की माँ और कोबायाशी जी इसी प्रकार के दोस्त थे, जो तोत्तो को मिले।

परदेस-चुनौतियाँ और सम्भावनाएँ : जापान के विशेष सन्दर्भ में

परदेस ही नहीं जीवन के हर हिस्से में जहाँ चुनौतियाँ अधिक होती हैं, सम्भावनाएँ भी वहाँ उतनी ही अधिक होती हैं। चुनौती रहित जीवन प्राय: सम्भावनाओं से रहित भी होता है। अपने खोल या आवरण को फोड़कर बीज जब धरती के भार, अजनबी वातावरण और सभी स्थितियों की चुनौतियों को स्वीकार करता है तो उसे आकाश की दिशा तक उठने और उगने की सम्भावना भी मिलती है। यही नियम मानव जीवन पर भी हमेशा लागू होता है।

दुनिया में सबसे पहले अपने स्थान को छोड़ थोड़ी या अधिक दूर जाने वाले व्यक्ति के लिए चुनौतियाँ और सम्भावनाएँ दोनों इंतज़ार कर रही होंगी। समय के बदलने के साथ-साथ परदेस का अर्थ भी हमारे समाजों में बदला है। यात्रा के साधनों या कहें पहिये की गति से परदेस का अर्थ अब पहले जैसा नहीं रह गया है। इस लेख में परदेस का मतलब दूसरा देश है। और जापान ही इस लेख का मुख्य सन्दर्भ बिन्दु है। अब इसी अर्थ में परदेस को हम लोग स्वीकार करेंगे और अपनी बात को आगे बढ़ाएँगे। परदेस अब पहले जितना दुर्गम और दूर नहीं रहा। इसलिए पहले के समय जैसी चुनौतियाँ अब नहीं हैं। अब वैसी सम्भावनाएँ भी आसानी से मौजूद नहीं हैं जो हमारे पुरखों के सामने रही होंगी। इसलिए सम्भावनाओं की खोज के लिए चुनौतीपूर्ण स्थितियों के पास पहुँचने की जरूरत पहले से ज़्यादा है।

कोरोना ने पूरी दुनिया के लोगों का जीवन और स्वास्थ्य ही नहीं सभी अर्थव्यवस्थाओं को भी बदल दिया है। जापान की स्थिति भी कोरोना से पूर्व जैसी नहीं कही जा सकती है। आगे चलकर सरकार क्या नीतियाँ बनाएगी इसे भविष्य में ही जाना जा सकेगा। जापान के सन्दर्भ में इस समय दिख रहीं वर्तमान नीतियों और कोरोना से पहले की नीतियों के आधार पर कुछ बातें यहाँ प्रस्तुत करने का प्रयास करूँगा।

जापान में पिछले दस सालों से जनसंख्या में गिरावट दर्ज हो रही है। साथ ही कामगारों की भी जरूरत बढ़ती जा रही है। इस समस्या को दूर करने के लिए भूतपूर्व प्रधानमन्त्री श्री आबे शिन्जो जी ने 2018-2019 में नया इमीग्रेशन कानून बनाया। इसके तहत अप्रैल 2019 से जिन क्षेत्रों में विदेशी लोगों को काम नहीं दिया जाता था उन्हें ऐसे नये 14 क्षेत्रों में रोजगार मिलने लगेगा। लेकिन कोरोना के कारण नये लोगों का जापान में आना रुका हुआ है। लाखों विदेशी कामगारों के जापान में आने के बाद ही यह कमी भी पूरी होगी। इस कानून के अनुसार अगले पाँच सालों में लगभग पाँच लाख विदेशी कर्मचारियों की जापान में जरूरत पड़ेगी। इसलिए इस नये कानून के हिसाब से देखें तो जापान में काम करने वाले और लोगों की कमी है, नौकरियों की कमी नहीं है।

हर साल जापान में स्नातक करने के बाद सीधे नौकरी करने वाले विद्यार्थियों की कुल संख्या का सत्तानवें प्रतिशत हिस्सा नौकरी पा जाता है। इसलिए बेरोजगारी की दर भी बहुत ही कम है। हालाँकि पिछले दो सालों में बेरोजगारी कुछ बढ़ी है।

जो विदेशी विद्यार्थी निश्चित रोजगार न करके अंशकालिक काम करना चाहते हैं या पढ़ते हुए अपने लिए कुछ पैसे कमाना चाहते हैं उनको जापान में एक हफ्ते में 28 घंटे काम करने का कानूनन अधिकार मिला हुआ है। सरकार ने एक घंटे का वेतन बढ़ाकर इस समय न्यूनतम 930 येन प्रति घंटे कर दिया है, जिसे जल्दी ही कुछ समय बाद 1000 येन करने की योजना है। इस तरह से पढ़ते हुए एक महीने में एक विद्यार्थी लगभग एक लाख येन कमा सकता है।

काम और इमीग्रेशन के हिसाब से जापान में कोई अभाव नहीं दिखता है। जीवन निर्वाह के हिसाब से देखें तो जापान में महँगाई बहुत ज़्यादा है। एक अंदाजे के अनुसार अमेरिका से लगभग तीन गुना और भारत के कई गुना महँगाई है। किराये पर घर/कमरा लेने से लेकर यातायात, रोजाना का खाना, कपड़े और अन्य जरूरतों पर कम से कम एक-डेढ़ से दो लाख येन का ख़र्च आता है। स्नातक करने के तुरन्त बाद नौकरी लगने पर औसतन हर विद्यार्थी को ढाई लाख येन प्रति माह का वेतन मिलता है। हर साल इसमें कुछ प्रतिशत की बढ़ोतरी भी होती है। उम्र और अनुभव के साथ वेतन अधिक होता जाता है। जोखिम पूर्ण कामों में ज़्यादा वेतन भी मिलता है।

जापान में ओवरटाइम की संस्कृति बहुत ज़्यादा प्रचलित है। नौ से पाँच बजे की जगह समय से पहले आना और समय के बाद घर लौटना सामान्य आचरण का हिस्सा है। ज़्यादा समय अपने कार्य क्षेत्र में रहना जापान की श्रम संस्कृति में

बेहद अच्छा माना जाता है। 'कर्म ही पूजा है' का सिद्धान्त यहाँ हर क्षेत्र में लागू है। इसलिए जापान में मोटे लोग कम ही दिखाई देते हैं। आप सूमो पहलवानों को अपवाद मान सकते हैं।

सत्रहवीं से उन्नीसवीं सदी के मध्य तक जापान के इतिहास में एक समय ऐसा भी आया था जब किसी विदेशी का जापान आना पूरी तरह से प्रतिबंधित था। होलैंड के कुछ व्यापारियों को छोड़कर। लेकिन अब समय बदल रहा है। जापानी लोग विदेशियों को पसन्द करने लगे हैं। लेकिन कई बार एक गहरी उदासीनता भी दिखाई पड़ जाती है। इस समय जापान में 25 लाख के आसपास विदेशी लोग हैं। जापान की जनसंख्या साढ़े बारह करोड़ से अधिक है। इस तरह से कुल जनसंख्या में लगभग दो प्रतिशत विदेशी लोग हैं। अनेक जापानियों का विदेशियों से किसी प्रकार का कोई सम्बन्ध नहीं है। सरकारी समाचार चैनल एनएचके के सर्वे के अनुसार पिछले पाँच सालों में जापानी लोगों द्वारा जापान में रह रहे विदेशियों से मिलने के आँकड़ों में कुछ कमी ही आयी है। जबकि पिछले पाँच सालों में पाँच लाख और विदेशी जापान आ चुके हैं। यह स्थिति जापान आने वाले लोगों को परेशान तो नहीं करती है लेकिन जापानी लोगों से घुलने-मिलने की कमी की ओर इशारा जरूर करती है।

भारतीयों के लिए बीते कुछ सालों में अनेक सुविधाजनक स्थितियाँ पैदा हुई हैं। इस समय जापान में लगभग चालीस हज़ार के आसपास भारतीय रह रहे हैं। तोक्यो के निशिकसाई में सबसे बड़ी संख्या में भारतीयों के रहने के कारण कुछ लोग उसको 'लिटिल इंडिया' भी कहने लगे हैं। बीते कुछ वर्षों में जापान में भारतीय रेस्टोरेंटों की संख्या में भी वृद्धि हुई है। इस समय लगभग दो हजार से अधिक भारतीय रेस्टोरेंट जापान में हैं। भारतीय सामान भी बड़ी आसानी से मिल जाता है। लेकिन भारतीय विद्यार्थियों की संख्या बहुत कम है। भारत से अधिक विद्यार्थी नेपाल से जापान में पढ़ने आ रहे हैं।

जापानी भाषा की कठिनाई और अंग्रेजी भाषा की पृष्ठभूमि के कारण भारतीय विद्यार्थी यूरोप और सबसे अधिक अंग्रेजी भाषी देशों की ओर जाते हैं। जापान में अंग्रेजी माध्यम की पढ़ाई और नौकरियाँ कुछ कम ही सही लेकिन उपलब्ध होने लगी हैं। जापानी सीखने के बाद जापान में जीवन ज़्यादा आसान और मजेदार लगने लगता है। हालाँकि जापानी सीखने में काफी समय लगता है।

जापान बहुत सुन्दर, शान्त, व्यवस्थित देश है। इसलिए जापान आने वाले विदेशी लोगों के जीवन में एक शान्ति और व्यवस्था का एहसास जरूर होता है।

अपराध लगभग न के बराबर हैं। समाज के हर हिस्से में कानून और व्यवस्था पालन दिखाई देता है। हवा, पानी और खाना बहुत शुद्ध है। सार्वजनिक और दैनिक जीवन में लोग बेहद सरल और सहायता करने वाले हैं। समय की पाबन्दी के कारण कोई परेशानी या आपाधापी जापान में नहीं दिखाई देती है। इस तरह से पढ़ने, नौकरी करने और जीवन बिताने के लिए जापान बहुत सुखद है।

भारत और जापान के युवाओं में देशभक्ति की भावना का स्वरूप

भारत और जापान के इतिहास और समाज में अन्तर के कारण युवाओं के विचारों में भी कुछ अन्तर मिलता है। भारत एक लम्बे समय तक विदेशी शासन् के अधीन रहा है। जापान का भी विदेशी शासन् का कुछ सालों का अनुभव जरूर रहा है। लेकिन यह समय भारत की तुलना में बेहद कम है। अमेरिका ने सन् 1945 से लेकर 1952 तक जापान पर डगलस मैकआर्थर के द्वारा प्रकारांतर से शासन् किया था। जापान को इससे पहले और बाद में कभी विदेशी शासन् नहीं स्वीकार करना पड़ा। जापान में अभी तक सैंकड़ों वर्षों की अटूट राज परम्परा चली आ रही है। जिसका स्वरूप कभी-कभी बदला भी है। फिर भी भारत की तरह विदेशी शासन् से जापान लगभग मुक्त ही रहा है।

ऐसे में दोनों देशों में देशभक्ति का ढंग भी स्वाभाविक रूप से अलग ही होगा। भारत में लम्बे समय से मातृभूमि के प्रति प्रेम और तत्कालीन शासक के प्रति स्वामीभक्ति, दोनों को देशभक्ति कहे जाने की परम्परा है। जब भारत में सन् 1857 में पहली बड़ी क्रांति हुई थी तो सभी विद्रोहियों को हम देशभक्त मानते हैं। जबकि अंग्रेज सरकार और उनके पक्षधर लोग उन्हें बलवाई, बगावत करने वाला और राजद्रोही कहते थे। जापान में स्वामीभक्ति और मातृभूमि की सेवा में ऐसा अन्तर नहीं रहा है। इसलिए भारत में देशभक्ति का स्वरूप जापान से कुछ-कुछ भिन्न है।

वर्तमान समय में जापान के युवाओं में देश के शासन् के प्रति मन में कम लगाव जरूर है। लेकिन वे देश के लोगों, यहाँ की प्रकृति, कानून के प्रति सम्मान को ठेस नहीं पहुँचाना चाहते हैं। उनके लिए देश के लोगों का सम्मान, प्रकृति की सुरक्षा और सुन्दरता, संस्कृति और कानून का पालन करना ही देशभक्ति है। शासन् प्रणाली से जापान के युवा प्राय: उदासीन रहते हैं। राजनीति में दिलचस्पी लेने वाले

कम ही युवा मैंने देखे हैं। बीते दिनों हुए एक चुनाव को बहुत करीब से देखने का जापान में मुझे अवसर मिला। इसमें युवाओं की भागीदारी अपेक्षाकृत कम दिखी। वे जापान की तरक्की को ही देशप्रेम समझते हैं। जापान के हर हिस्से को सुन्दर, साफ़ और सुरक्षित बनाए रखने को ही देशभक्ति मानते हैं। अपने हिस्से का काम करते हुए देश की बेहतरी को ही यहाँ देशभक्ति की संज्ञा दी जाती है।

भारत के युवाओं में देश के लिए अपने प्राण न्योछावर कर देने की भावना किसी भी देश से कम नहीं है। इस मामले में इसका उदाहरण दिया जा सकता है कि जापान के पुराने शासन् के समुराई योद्धा अपने शासकों के लिए अन्त समय में अपनी जान देकर 'हाराकीरी' कर लेते थे। और वहीं भारत के युवा अपने देश के मान की रक्षा के लिए ख़ुशी-ख़ुशी सीमा पर लड़ते हुए अपनी जान देते रहे हैं।

इस सम्बन्ध में जापान और भारत में प्राचीन काल में एक जैसा हाल नजर आता है। अब जापान का युवा देशभक्ति, सेना और युद्ध के नाम से बचता है। ऐसा कुछ जापानी साहित्य मैंने पढ़ा है कि जिसमें दूसरे विश्वयुद्ध के समय की अनिवार्य सैनिक सेवा का प्रछन्न अथवा प्रकट विरोध दिखता है। देश के लिए जान देने की बजाय अपने कठिन श्रम और समझदारी से देश को हर लिहाज़ से ख़ुशहाल बनाने पर जापान के लोग जोर देते हैं।

जापान के लोगों को दुनिया में सबसे बड़ी मानव-निर्मित तबाही देखने को मिली है। इसके बावजूद भी यह देश अपने देशवासियों की अथक मेहनत से दुनिया की सबसे बड़ी अर्थव्यवस्थाओं में से एक बना।

जापान के युवाओं में सन् 1920 के दशक की तरह देशभक्ति का भाव फिर से न जागे, इसके लिए भी बहुत सारे लोग, शिक्षक और विद्यालय प्रयास करते हैं। बीसवीं सदी के शुरुआती दशक से लेकर सन् 1945 तक जापान में देशभक्ति और राष्ट्रवाद अपने चरम पर था। राजा और उसके आदेश को भगवान् का आदेश मानकर लोग आचरण करते थे। इसके दुष्परिणाम जापान के भीतर और बाहर भी देखने को मिले। चीन, कोरिया और रूस तक पर जापानी राष्ट्रवाद का बुरा असर दिखा। आपको शायद ज्ञात ही होगा कि अंदमान-निकोबार पर भी जापान के राष्ट्रवाद का बुरा असर पड़ा। सन् 1942 से 1945 तक जापान का वहाँ शासन् था। नेताजी सुभाषचन्द्र बोस को इस स्थिति का पता भी नहीं चलने दिया गया कि जापान की सेना ने वहाँ पर लोगों के साथ कितना दुर्व्यवहार किया। आज भी दक्षिण कोरिया और जापान के रिश्तों को ख़राब करने वाला ऐतिहासिक बिन्दु जापानी देशभक्ति से जुड़ा है।

इसलिए अब लोग शान्ति की बात ज़्यादा करते हैं। देशभक्ति का मतलब है यहाँ के लोगों की ख़ुशहाली की बात करना। जापान को सुन्दर और सुरक्षित बनाए रखने के भाव को देशभक्ति समझा जाता है। अब युद्ध और दूसरे देशों के प्रति शत्रुतापूर्ण पुराना भाव छोड़कर जापान के लोग आगे बढ़ गये हैं।

इस स्थिति में भी जापान में राजा के प्रति सम्मान का भाव किसी प्रकार से कम नहीं है। दूसरे विश्वयुद्ध के बाद जरूर राजा के प्रति सम्मान में कुछ कमी देखी गयी थी। अनेक जापानियों को लगता था कि देशभक्ति के नाम पर राजा द्वारा उन्हें इतने बड़े कष्ट उठाने पड़े हैं।

जापान के विद्यार्थियों से देशभक्ति के बारे में पूछने पर बड़ी रोचक बातें जानने को मिलीं। चाहता हूँ ये बातें आप भी जानें। मैंने विद्यार्थियों से पूछा कि देशभक्ति का मतलब आपके लिए क्या है? तो उन्होंने जवाब दिया कि उन्होंने कभी देशभक्ति के बारे में विचार ही नहीं किया। जापानी विद्यार्थियों के लिए देश को प्रेम करने का मतलब है देश के हर हिस्से से प्रेम, देश की प्रकृति, सामानों, संस्कृति से प्रेम।

देशभक्ति और उससे जुड़े राष्ट्रवाद के दुष्परिणामों से जापान के लोग डरे हुए रहते हैं। वे पिछले बीते हुए दौर को वापस नहीं लाना चाहते हैं। अतीत में उनके राष्ट्रवाद और साम्राज्यवाद के कारण दूसरे देशों के लोगों को ही नहीं जापान के लोगों को भी अपार कष्ट उठाना पड़ा था। देशभक्ति के इस दुखद परिणाम के कारण उनके मन में एक अपराध बोध सदैव बना रहता है। जापान में अभी कुछ साल पहले एक जापानी गाना ऐसा बनाया गया जिसमें ऐसी देशभक्ति का संकेत मिलता है। इस गाने का अधिकतर जापानियों ने विरोध किया।

जापान में एक ऐसा मन्दिर भी है जो जापान के लिए शहीद होने वाले सैनिकों, लोगों, जीवों को याद करने और सम्मान देने के लिए बनाया गया है। उसका नाम यासुकुनी जिन्जा है। इस मन्दिर को देखने का मुझे भी अवसर मिल है। जापान के अनेक लोग इस मन्दिर को पसन्द भी करते हैं। इसका कारण यह है कि इतने लोगों ने जापान के लिए अपनी जान न्योछावर की। जापान के पूर्व प्रधानमन्त्री शिंजो आबे जब उस मन्दिर में कुछ दिनों पहले गये थे तो अमरीका, चीन और कोरिया ने इसका विरोध किया था। इसका कारण यह है कि इस मन्दिर में मारे गये अनेक लोगों ने इन देशों के लोगों और सैनिकों को मारा था।

जापान के अनेक विद्यार्थी भारत भी आते रहते हैं। वे इस बात को भी जानते हैं कि भारत के लोगों के लिए देशभक्ति का मतलब क्या है। भारत के लोगों के लिए

अपने देश के लिए जान देने की भावना आरम्भ से ही दिलों में भरी जाती है। यह हमारी अपनी परम्परा है। हर देश का अलग इतिहास और अलग सच भी होता है। लेकिन हमें जापान की कुछ बातों को जानने के बाद यह भी सोचना चाहिए कि देशभक्ति हमारी रोजाना की दिनचर्या में जापान की तरह भी दिखाई दे। जापान के लोग शायद ही कभी अपने देश की सार्वजनिक सम्पत्ति का नुकसान करते हों, शायद ही कभी नियमों का उल्लंघन करते हों, शायद ही कभी देश को नीचा दिखाने वाले कामों में लिप्त होते हों, क्योंकि जापान के लोगों के लिए जापान को दुनिया में सबसे अच्छा बनाना और दिखाना ही देशभक्ति का सही रूप है।

भारत का युवा भी अपने अधिकतर कार्यों से देश का नाम दुनिया में रोशन कर रहा है। भारत के युवाओं की इज्जत जापान भी करता है। विज्ञान और गणित में भारतीयों की मेधा को जापान ही नहीं दुनियाभर के लोग मानते हैं। जापान के अनेक विश्वविद्यालयों में भारतीय विद्यार्थी अच्छा काम कर रहे हैं।

वहीं जापान का युवा भारत के युवा से यह भी अपेक्षा रखता है कि देशभक्ति अपने देश के लिए जान देने मात्र का ही नाम नहीं है बल्कि अपने हर काम से देश को बेहतर बनाना भी देशभक्ति है।

जापान के लोग खेलों में सबसे आगे रहने के लिए अपने खिलाड़ियों का भारत की ही तरह उत्साहवर्धन करते हैं। एक विद्यार्थी ने कहा कि खेल के समय जापान के संकोची लोगों की देशभक्ति आप देख सकते हैं। ओलम्पिक खेलों में पदक लाने के लिए जी-जान लगाने वाले खिलाड़ियों में देशभक्ति दिखती है। वहाँ मौजूद दर्शकों में भी देशभक्ति अपने उच्चतम शिखर पर दिखती है। लेकिन मान लीजिए कि जापान की टीम पराजित हो जाती है तो जापान के दर्शकों और खिलाड़ियों की देशभक्ति इतनी आक्रामक नहीं होती है कि विदेशी टीम के लोगों पर पानी की बोतलें फेंके। यानी देशभक्ति अगर एक सकारात्मक और बेहतरी के रास्ते पर ले जाने का विचार है तो उसे कुछ लोग यहाँ स्वीकार करते हैं, लेकिन अगर देशभक्ति युद्ध, हिंसा और शोषण के रास्ते पर ले जाने वाला विचार बनकर सामने आ रहा है तो उसे जापानी लोग पिछले पचहत्तर साल से शंका की नजर से देखने लगे हैं।

दूसरे विश्वयुद्ध के कड़वे अनुभवों ने जापान के समाज को देशभक्ति की नयी परिभाषा खोजने पर विवश किया। अब जापान के युवा ही नहीं आबालवृद्ध जनता देशभक्ति का मतलब अपने हर कार्य से देश की बेहतरी समझता है। देश के लिए लड़ने या मरने को वह नकारात्मक विचार मानकर पीछे छोड़ आया है।

जापान के लोगों का देशप्रेम मैंने किताबों में पढ़ा था। लेकिन जापान आने के बाद देश के लिए प्रेम का भाव लगभग सभी जापानियों में देखा। एक घटना आपको भी बताना चाहता हूँ।

एक बार जापान आने के कुछ ही दिन बाद एक जापानी अध्यापक से मैंने पूछा कि जापान में भारत की तरह तीखी हरी मिर्च नहीं मिलती है क्या? जापान के लोग बिलकुल भी तीखा खाना नहीं खाते हैं, इसलिए यहाँ मुझे दुकानों में तीखी हरी मिर्च भी खोजने पर नहीं मिल रही थी। दो दिन बाद मेरे घर की घंटी बजी तो देखा तो साथी अध्यापक मेरे लिए तीखी हरी मिर्च का पौधा लिए खड़े थे। यह मेरे लिए सुखद आश्चर्य की बात थी। जापान के लोगों के लिए जापान का नाम हमेशा ऊँचा रखना ही देशभक्ति है।

मेरे जीवन में पुस्तकालय के कुछ संस्मरण

स्कूल में पढ़ते हुए स्कूल के पुस्तकालय की मुझे कोई याद नहीं है। इसका कारण यह नहीं कि वहाँ पुस्तकालय नहीं रहा होगा। बल्कि मुझे किताबों का मतलब सिर्फ़ और सिर्फ़ साल भर में पढ़ने के लिए कक्षा में पढ़ने वाली किताबें ही थीं। हाँ एक बार मेरे सबसे बड़े भाई जिन्हें पढ़ने का बहुत शौक था, वे मुझे एक सार्वजनिक पुस्तकालय में ले गये थे। लेकिन उस घटना का कोई बड़ा असर मेरे ऊपर नहीं पड़ा। इसका कारण यह रहा होगा कि उस समय मेरे लिए पढ़ने का बहुत सीमित अर्थ था। लेकिन जीवन में किताबों का महत्त्व सबसे पहले कॉलेज में पढ़ते हुए समझ आया। इसी समय मुझे डॉ. राकेश कुमार सर मिले। उन्होंने ही मुझे भी कुछ हद तक किताबों का प्रेमी बनाया। जब किताबों से प्रेम होने लगा तो पुस्तकालय मेरा पक्का ठिकाना हो गया। जिस भी किताब का जिक्र कक्षा में सर करते थे, उस किताब को लाइब्रेरी जरूर जाकर खोजता और फिर वहीं या घर लाकर पढ़कर खत्म करता। पुस्तकालय के सभी कर्मचारी बड़े स्नेह से मेरी मदद भी करते। कक्षाओं के बाद पुस्तकालय में लगातार मौजूद रहने के कारण कॉलेज छोड़ने के वर्षों बाद भी वे मुझे भूले नहीं हैं। मुझे भी अपनी पहली लाइब्रेरी की अक्सर याद आती है। कभी-कभी किताबें इश्यू करवाने के लिए कार्ड कम पड़ जाते तो हिन्दी पढ़ाने वाले अध्यापक मदद करते। किताबों और पुस्तकालय से जुड़ा यह मेरे जीवन का पहला अनुभव था।

इसके बाद का अनुभव मेरे बड़े भाई के एक मित्र से जुड़ा हुआ है। मेरे बड़े भाई भी हिन्दी के विद्यार्थी थे। अब वे दिल्ली विश्वविद्यालय में हिन्दी के अध्यापक हैं। जब वे एमए कर रहे थे तब उनके एक घनिष्ट मित्र मनोहर भाई थे। वे भी बहुत अच्छे पुस्तक-प्रेमी थे। उनका परिवार उन्हें पढ़ने और किताबें खरीदने के लिए हर महीने कुछ पैसे भेजता था। हमारी आर्थिक स्थिति तब तक पाठ्यक्रम से इतर किताबें खरीदने की नहीं थी। तो मनोहर भाई का निजी पुस्तकालय मेरे जीवन

का दूसरा पुस्तकालय बना। उनसे माँगकर भी कई किताबें पढ़ीं। साथ ही किताबें खरीदने का शौक भी सम्भवत: उन्हीं को देखकर ऐसा लगा। इतने अच्छे से सजाकर किताबें रखने का सलीका पहली बार उन्हीं के घर देखा। जब कुछ भी पैसे होते तो मैं भी बाद में उन्हीं की तरह किताबें खरीदने और अच्छा निजी पुस्तकालय बनाने लगा। इस कारण घर में जगह की कमी ही बनी रहती है और आमदनी एक बड़ा हिस्सा किताबों पर ख़र्च करने के बाद भी अपना घरेलू पुस्तकालय छोटा ही लगता है। किताबों से भरा घर और पढ़ने-पढ़ाने वाला माहौल मेरे जीवन की संजीवनी है। फिर इसके बाद जब मेरा दाखिला दिल्ली विश्वविद्यालय के दक्षिण परिसर में एमए में हुआ तो उस बहु मंज़िला पुस्तकालय ने तो ऐसा सुख दिया कि अब भी वहाँ आराम से पसन्द की कोई किताब लेकर उसे पूरा वहीं पढ़ने का सुख अनिर्वचनीय सुख है। कॉलेज से भी ज़्यादा बड़ा और देर तक खुले रहने वाला यह पुस्तकालय अब भी मेरे जीवन में सबसे सुखद स्थानों में से एक है। लेकिन अब यह सुख पिछले कई सालों से दुर्लभ हो चुका है। सुबह आठ बजे से से लेकर शाम सात बजे तक उस पुस्तकालय में जीवन के बारह साल से अधिक बीते। एमए, एम.फिल, नेट और पीएचडी वहीं पर बैठ कर पूरी की। बाद में विभिन्न कॉलेजों में पढ़ाने के क्रम में लगातार साउथ कैंपस के पुस्तकालय से अटूट नाता बना रहा। कभी-कभी साहित्य अकादेमी या तीन मूर्ति लाइब्रेरी या नार्थ कैंपस के रिसर्च फ्लोर या दिल्ली पब्लिक लाइब्रेरी जाना हुआ लेकिन सबसे ज़्यादा समय साउथ कैंपस की लाइब्रेरी में ही बीता। इतने शानदार पुस्तकालय हर शहर और हर गाँव में होने के साथ-साथ किताबों से प्रेम करने वाले लोग, मित्र और शिक्षक भी जरूर होने चाहिए।

दो साल पहले सन् 2020 में अपने गाँव में एक छोटा-सा पुस्तकालय शुरू किया। इसके लिए एकतारा संस्था से कुछ किताबें खरीदीं और कुछ किताबें गांधीवादी मित्र अव्यक्त जी ने स्नेह पूर्वक भेंट कीं। वे ख़ुद हमारे गाँव पधारे। कुछ दिनों तक पिताजी ने गाँव के बच्चों को किताबें दीं और अड़ोस-पड़ोस के लोगों को पढ़ने के लिए किताबें ले जाने की बात कही। लेकिन मैं और वे अपने इस प्रयास में सफल नहीं हो सके। कोरोना के कारण भी और लोगों की रुचि में किताबों के प्रति प्रेम जगा न पाने के कारण वह पुस्तकालय बन्द-सा पड़ा है।

पुस्तकालय से जुड़े इन तीन-चार अनुभवों के बाद जापान से जुड़े दो संस्मरण भी आपसे साझा करना चाहता हूँ। जापान में रहते हुए कुछ ही महीने बीते थे। मैं अपनी पत्नी और एक विद्यार्थी के साथ बस स्टैंड पर खड़ा था। विद्यार्थी का नाम हारुका कुबोता सान था। जहाँ हम तीनों लोग खड़े थे उसी जगह पर एक छोटा-सा

यात्री-पुस्तकालय था। जो लोग बस का इंतज़ार करते हुए कोई किताब पढ़ना चाहते हैं, उनके लिए उस छोटे से पुस्तकालय में तीस-चालीस किताबें रखी हुई थीं। मैंने इस घटना पर लिखा और एक तस्वीर भी फेसबुक पर लगाई। यही तस्वीर देखकर पहली बाद महेश पुनेठा जी से आत्मीय सम्बन्ध बना। ऐसे छोटे पुस्तकालय जापान में आपको हर जगह मिलेंगे। दुकानों पर, डॉक्टरों के क्लीनिकों पर, बस या ट्रेन के स्टेशनों पर आपको छोटे-बड़े पुस्तकालय ख़ूब देखने को मिलेंगे। और अधिकतर लोग आपको पढ़ते हुए मिलेंगे।

इन छोटे-छोटे पुस्तकालयों के अलावा हर शहर में बड़े-बड़े भव्य पुस्तकालय हैं। जहाँ कई प्रकार की सांस्कृतिक गतिविधियाँ भी होती हैं। बुजुर्ग लोगों के लिए कुछ खेल या बैठने की जगहें होती हैं। विदेशी लोगों को जापानी सिखाने की व्यवस्था भी यहाँ होती है। और एक छोटा सा कैफे या रेस्टोरेंट भी होता है। इस प्रकार के स्थान जापान में बहुतायत में हैं। यहाँ पर आने वाले लोगों की उम्र दो-चार साल एक छोटे बच्चों से लेकर अस्सी नब्बे साल के बुजुर्गों तक होती है। इन पुस्तकालयों का कोई भी सदस्य बन सकता है। वे दो किताबें दो सप्ताह के लिए एक बार में इश्यू करवा सकते हैं। मुझे लगता है कि काश भारत के हर गाँव और शहर में ऐसे पुस्तकालय और केन्द्र जरूर होने चाहिए।

जापानी विद्यार्थियों को हिन्दी-अध्यापन के अनुभव

मेरे लिए इस विषय पर बात करना जितना जरूरी है उतना ही मुश्किल भी है। जरूरी इसलिए है कि इस पर बात करने से सम्भवत: जो कुछ नया अनुभव मुझे हुआ है यह सब जान पायेंगे। मुश्किल इसलिए कह रहा हूँ क्योंकि अभी अनुभव की शुरुआत में ही हूँ तो उसे कैसे लिखूँ? यानी पूरा अनुभव होना अभी बाकी है। या जितना अनुभव किया है, यह अभी बहुत कम है।

खैर जितना जान पाया हूँ उसे आपसे साझा करता हूँ। मैंने अभी तक हिन्दी उन्हीं विद्यार्थियों को पढ़ाई थी जिनको मातृभाषा हिन्दी या इसकी कोई बोली है। लेकिन जापान में पहली बार अहिन्दी भाषियों को हिन्दी पढ़ाने का अनुभव हुआ।

जो हिन्दी नहीं जानते हैं और हिन्दी पढ़ते है। ऐसे विद्यार्थी भारतीय विश्वविद्यालयों में भी मिले हैं। लेकिन उनकी स्थिति और जापानी विद्यार्थियों की स्थिति में संस्कृति का भी अन्तर है। पहली परेशानी स्वर और व्यंजनों के उच्चारण की होती है। उच्चारण की समस्या धीरे-धीरे ही सुलझती है। अभ्यास से कुछेक ध्वनियों को छोड़कर अधिकांश का अच्छा उच्चारण विद्यार्थी सीख रहे हैं। लेकिन प्रकृति और संस्कृति की भिन्नता के कारण भाषा और साहित्य अध्यापन में अनेक कठिनाइयों आती हैं। भारतीय प्रकृति में धूप और बारिश का जो अर्थ और महत्त्व होता है वह जापानी प्रकृति में सम्भवत: नहीं होता है।

मैंने एक कक्षा में त्रिलोचन की कविता धूप सुन्दर का अर्थ समझाने की कोशिश की। वहाँ बैठे अधिकांश विद्यार्थियों को धूप पसन्द नहीं थी। वे धूप सुन्दर धूप में जग रूप सुन्दर का वह अर्थ बढ़ी मुश्किल से समझ पाये जो त्रिलोचन महसूस कर रहे और लिख रहे थे। जो मैं भी महसूस करता हूँ। इसी तरह नागार्जुन की एक कविता अकाल और उसके बाद में और चूल्हे और चक्की के पास कानी कुतिया के सोने

का चित्रण है। जापानी संस्कृति में कुत्ते को हेय नहीं समझा जात। है जबकि भारतीय समाज और भाषा में कुत्ता कभी-कभी हेय ही नहीं गाली के रूप में भी प्रयुक्त किया जाने वाला जीव और शब्द है। इस सन्दर्भ को भी समझाने में काफी मुश्किल आयी।

जापानी विद्यार्थी स्वभाव से जितने मेहनती होते है उतने ही अन्तर्मुखी भी होते हैं। वे प्रश्नों को पूछने में भी कई बार कम रुचि लेते हैं। इससे भी परेशानी पैदा होती है। ऐसे में सबसे अच्छा तरीका हर कक्षा के बारी-बारी से पढ़ाए हुए के बारे में सबसे पूछना चाहिए। अनेक बार पूछने पर वे झिझक छोड़ देते हैं।

साथ ही एक समस्या यह भी देखने में आती है कि कक्षा के अतिरिक्त वे हिन्दी भाषा का अध्ययन या उसमें बातचीत नहीं के बराबर ही करते है। इससे भी उनके भाषा अध्ययन में कठिनाई पैदा होती है और ये काफी समय में ही हिन्दी बोलना और समझकर लिखना सीख पाते हैं। ड़, र और ल व्यंजन ध्वनियों की भिन्नता और दिद्यार्थियों की कठिनाई धीरे-धीरे ही दूर होगी। यदि मैं उन्हें कपड़ा नरम आदि शब्द लिखने के लिए कहता हूँ तो कुछेक विद्यार्थी कपड़ा न लिखकर कपरा या नरम के स्थान पर नलम शब्द लिख देते है। इसका कारण यह है कि जापानी भाषा में र, रु, रे, रो, रि, ध्वनियाँ तो हैं लेकिन ल और ड़ व्यंजन ध्वनियाँ नहीं हैं। इसके लिए इन ध्वनियों से बनने वाले शब्दों का उच्चारण अनेक बार धीमी गति से करने पर विद्यार्थियों को लाभ होता है।

जब मैंने विदेशी विद्यार्थियों को अध्यापन का कार्य आरम्भ किया तो आदतन जल्दी-जल्दी बोलकर ही अपनी बात समझाने की कोशिश करता था। विदेशी भाषा सीख रहे विद्यार्थियों को सभी शब्द और उनके अर्थ समझने में थोड़ा समय लगता है इसलिए अब उन्हें एक-एक शब्द धीरे-धीरे बोलकर ही समझाना आरम्भ किया है। इससे मेरी बात पहले की अपेक्षा अधिक आसानी से समझ पाते हैं।

अनुवाद और कहानी-पढ़न के माध्यम से भी विद्यार्थी हिन्दी भाषा सीखते है। जापानी अथवा अंग्रेजी कहानी का हिन्दी में अनुवाद करने से ही विद्यार्थी हिन्दी भाषा सीखने का प्रयास करते हैं। इस सन्दर्भ में सबसे अधिक परेशानी दो-तीन स्थलों पर देखने को मिली है। जापानी लोक कहानियों में पशु पक्षी जीव-जंतु सजीव निर्जीव वस्तुएँ और मनुष्य सभी पात्रों के रूप में आते है ऐसी कहानियों में लोमड़ी, केकड़ा आदि प्राय क्रमशः नर मादा रूप में आते है हिन्दी में लोमड़ी स्त्रीलिंग और केकड़ा पुल्लिंग शब्द है। ऐसे स्थलों पर भी विद्यार्थी अटकते हैं। लेकिन फिर उनका लिंग परिवर्तन कर कहानी में कुछ बदलाव कर लिया जाता है। कई बार ऐसे फलों का

भी प्रसंग आता है जिनका नाम हिन्दी में उपलब्ध नहीं है। इस स्थिति में उनकी भाँति हिन्दी नाम वाले फलों का भी प्रयोग कर लिया जाता है।

कक्षा के बाहर वार्तालाप से भी सभी विद्यार्थी ज़्यादा से ज़्यादा भाषा सुन और बोल सकते हैं जो विद्यार्थी कक्षा के बाद भी शिक्षक या हिन्दी बोलने वाले अन्य विद्यार्थियों या व्यक्तियों से हिन्दी में बातचीत की कोशिश करते है उन्हें भाषा ज़्यादा समझ आने लगती है। विदेशी विश्वविद्यालयों में हिन्दी भाषा सीख रहे विद्यार्थियों को अनुकूल वातावरण नहीं मिल पाता है। वे जिस भाषा को सीखते हैं उसे बोलने वाले बहुत ही कम लोग उन्हें वहाँ मिलते हैं। भाषा को सीखने का भरपूर वातावरण न मिल पाना एक अपरिहार्य सीमा है। अधिकांश विद्यार्थियों को हिन्दी भाषी नहीं मिल पाता है। अगर उन्हें कक्षा के बाद भी हिन्दी में धीरे-धीरे बोलकर समझाकर बात करने वाले मित्र परिचित मिलें तो जल्दी और ज़्यादा आसानी से हिन्दी सीख सकते हैं लेकिन इसकी भरपाई के बहुत सारे साधन संचार क्रांति ने उपलब्ध करवा दिये है।

इन साधनों में हिन्दी फिल्मों का अविस्मरणीय योगदान है। हिन्दी फिल्मों और संगीत ने हिन्दी भाषा के प्रचार-प्रसार में बड़ा योगदान दिया है हिन्दी फिल्में भाषा सिखाने के साथ हिन्दी भाषी समाज की संस्कृति (कुछ हद तक भारतीय संस्कृति) से भी परिचित कराती है। विद्यार्थियों का मनोरंजन भी करती है। हिन्दी समाचार, गानों को नियमित रूप से सुनने से भी नये शब्दों से विद्यार्थी परिचित होते हैं। इंटरनेट ने विद्यार्थियों को पुस्तकालय के अलावा हिन्दी का एक बड़ा समृद्ध भंडार प्रदान किया है। लेकिन देखा जाता है कि विद्यार्थियों में पढ़ने की ललक अपेक्षाकृत कम है। ये कहानियों उपन्यास बहुत कम पढ़ते हैं। पुस्तकालय जाकर हिन्दी की पुस्तक लेकर पढ़ने के प्रति आरम्भ से ही उनमें रुचि जगानी चाहिए। इससे ये भाषा के बहुत बड़े संसार से परिचित हो सकते हैं।

भाषा सीखने का एक तरीका मुझे एक विद्यार्थी ने ही सुझाया। बाजार में और बाहर दिखने वाली चीजों को देखकर उनके हिन्दी नामों को जानने की जिज्ञासा प्रथम वर्ष के एक विद्यार्थी ने व्यक्त की थी इस तरीके से भी भाषा का ज्ञान विद्यार्थियों को दिया जा सकता है किसी कार्य वस्तु या दृश्य को हिन्दी में क्या कहा जाता है। इसे बार-बार सुन-बोल कर भी भाषा का ज्ञान किया और करवाया जा सकता है। विद्यार्थियों के साथ शैक्षिक यात्राएँ भी उनको भाषा सिखाने में लाभप्रद हो सकती है। इसमें आवश्यकता है उनमें जिज्ञासा बढ़ाने की साथ-ही-साथ वे अपनी अन्तर्मुखी प्रवृत्ति को छोड़कर संवादधर्मी बनें। इसमें उनके मित्र और परिजन अधिक सकारात्मक क़दम उठाकर उन्हें बहिर्मुखी बना सकते हैं।

घुलने-मिलने और संवाद को अधिकाधिक प्रयोग में लाने का एक और तरीका है। प्रत्येक वर्ष कुछ विद्यार्थी हिन्दी में एक नाटक खेलते है। इसमें प्रत्येक विद्यार्थी की भागीदारी सुनिश्चित कर उन्हें हिन्दी संवाद और कक्षा से इतर बातचीत का माहौल प्रदान कर भाषा को सिखाया जा सकता है। प्रत्येक वर्ष के प्रत्येक विद्यार्थी को नाटक में हिस्सेदारी की ओर उन्मुख किया जाना चाहिए। नाटक के छोटे-छोटे मंचन नुक्कड़ नाटक के मंचन हिन्दी सीखने वाले विद्यार्थियों से करवा कर भी उन्हें हिन्दी सिखाई जा सकती है। इसमें उन्हें संवाद बोलने भाषा सीखने और बोलने का लहजा भी सीखने में मदद मिलती है। ऐसा प्रावधान यदि सभी विद्यार्थियों के लिए हों, जिसमें समय अधिक न लगे और इसे हर कक्षा के अध्यापक बारी-बारी से सभी विद्यार्थियों से करवाएँ तो ये हिन्दी के संवाद याद करने के बाद उनका व्यवहार भी सीख सकेंगे।

हिन्दी का यात्रा-साहित्य और जापान

आधुनिक भारत के इतिहास में भारतीय लोगों को जापान की पहली छवि विवेकानन्द के जापान आने के बाद प्राप्त होती है। 1893[1] ई. में अमेरिका के शिकागो में धर्म-संसद में भाग लेने के लिए जाते हुए विवेकानन्द कुछ दिनों तक जापान में रहे और उन्होंने जापान की सुन्दरता से प्रभावित होकर सभी भारतीय युवाओं को एक बार जरूर जापान आने की सलाह दी।[2] जापान की यह पहली छवि हिन्दी साहित्य में भी किसी न किसी रूप में आयी। मेरी जानकारी में हिन्दी भाषा में जापान सम्बन्धी पहली किताब भी विवेकानन्द की यात्रा के बाद निकली।[3] नागरीप्रचारिणी सभा पत्रिका में जापान के समाज, इतिहास, व्यापार, देशभक्त लोगों और भारत-जापान की तुलना करते हुए एक लेख भी 1898 ई. में प्रकाशित हुआ।[4] फिर उसके बाद 1916 ई. में रवीन्द्रनाथ ठाकुर की जापान यात्रा के बाद भी हिन्दी-समाज और साहित्य में जापान को लेकर उत्सुकता बढ़ी।[5] लेकिन हिन्दी साहित्यकारों में सबसे पहली जापान यात्रा रवीन्द्रनाथ ठाकुर की यात्रा के उन्नीस साल बाद 1935 ई. में सम्पन्न हुई। महापंडित राहुल सांकृत्यायन 1935 ई. की गर्मियों में लगभग तीन महीने के लिए जापान आये। उनके बाद हिन्दी साहित्य में सच्चिदानन्द हीरानन्द वात्स्यायन 'अज्ञेय' की जापान यात्रा (सन् 1957-58) और जापान से उनके सम्बन्ध की प्रसिद्धि सबसे ज़्यादा है।[6] अज्ञेय और जापान को लेकर हिन्दी साहित्य में शोध-कार्य भी हुआ।[7] अज्ञेय ने जापान में रहते हुए और बाद में भारत में रहते हुए जापान से प्रभावित होकर अनेक कविताएँ-रचनाएँ भी लिखीं।[8] इन सभी स्थितियों से जापान की एक भरी-पूरी सुन्दर छवि हिन्दी साहित्य में बन चुकी है।

24 अप्रैल 1957 से लेकर 5 जनवरी 1958 के बीच 'अज्ञेय' ने जापान में रहकर 37 कविताएँ लिखी थीं।[9] लेकिन इन सैंतीस कविताओं में सबसे ज़्यादा चर्चित कविता 'सम्राज्ञी का नैवेद्य-दान' है–

"हे महाबुद्ध!/ मैं मन्दिर में आयी हूँ/ रीते हाथ:/ फूल मैं ला न सकी।/ औरों का संग्रह/ तेरे योग्य न होता।.../ हे महाबुद्ध!/ अर्पित करती हूँ तुझे।/ वहीं-वहीं प्रत्येक भरे प्याला जीवन का,/ वहीं-वहीं नैवेद्य चढ़ा/ अपने सुन्दर आनन्द-निमिष का,/ तेरा हो,/ विगतागत के, वर्तमान के, पद्मकोश!/ हे महाबुद्ध!"[10] (तोक्यो, 25 सितम्बर 1957)

यह कविता हिन्दी साहित्य में जापान की एक कोमल, पवित्र, प्रकृति-हितैषी और बौद्ध-धर्मावलम्बी छवि को भी निर्मित करती है। नारा के बौद्ध मन्दिर में महाबुद्ध के प्रति जापान की सम्राज्ञी कोमियो की आस्था के साथ-साथ इस कविता में जापान के लोकमन में व्याप्त प्रकृति को अक्षत, अनाहत रखने का भाव भी देखा जा सकता है। सौन्दर्य और श्रद्धा के प्रति जापानी दृष्टि का अनोखापन और समन्वय भी इन पंक्तियों में देखा जा सकता है। प्रकृति के प्रति जैसा पवित्र सम्बन्ध यहाँ पंक्तियों में दिखता है, वही भाव हिन्दी पाठक जापानी समाज का उसकी प्रकृति के साथ सोचता-समझता है। यह कविता हिन्दी में जापान की छवि का सुन्दर और सटीक उदाहरण प्रस्तुत करती है।

'सम्राज्ञी का नैवेद्य-दान' के अलावा 'हिरोशिमा' कविताओं और 'उत्तर प्रियदर्शी' नाटक में भी 'अज्ञेय' पर जापान के प्रभाव को देखा जा सकता है।[11] 'अज्ञेय' ने न केवल हिन्दी साहित्य को जापान की यह छवि प्रस्तुत की बल्कि उन्होंने 'हाइकु' कविताओं का भी हिन्दी समाज से परिचय करवाया। 7-7-5 अक्षरों में लिखी जाने वाली हाइकु कविता को हिन्दी में अनूदित भी पहले-पहल अज्ञेय ने ही किया। 1959 ई. में उन्होंने 'अरी ओ करुणा प्रभामय' संकलन में जापान के प्रसिद्ध रचनाकारों की हाइकू कविताओं का हिन्दी में अंग्रेजी से सुन्दर अनुवाद किया था। इस संकलन में हाइकू के नियम पर आधारित अन्य कविताएँ भी हैं। 'अज्ञेय' द्वारा कवि मात्सुओ बाशो (1644-1694) की हाइकू का यह अनुवाद हिन्दी में भी पर्याप्त चर्चित है–

"ताल पुराना/ कूदा दादुर/ –गुड्डुप।"[12]

हिन्दी साहित्य में जापान की एक छवि इन पंक्तियों में भी दिखती है। कविता और भावों को संक्षिप्त रूप में वर्णित-चित्रित करने का कौशल हाइकू में देखने को मिलता है।

जापानी समाज और संस्कृति की जो छवियाँ हिन्दी साहित्य और साहित्यकारों में प्रचलित हैं, उनमें से कुछ का उल्लेख करते हुए कवि मंगलेश डबराल ने अपने जापान यात्रा-संस्मरण 'हाइकू के इर्दगिर्द' में लिखा है–"हिरोशिमा, नागासाकी,

बोन्साई, इकेबाना, किमोनो, काबुकी, नो, हाइकू, तांका, रेइकी, राशोमन, कुरोसावा, इमामुरा, ओज़ु, कावाबाता, ओसामु दज़ाई, केंज़ाबुरो ओये, शुन्तारो तानिकावा, समुराई, सुमो, हाराकिरी। जापान जाते समय कई नाम दिमाग में उभरते हैं। शायद ऐसा कोई दूसरा देश नहीं है जो एक साथ इतने सारे बिम्बों की याद दिलाता हो।"[13]

इस उद्धरण में जापान के अनेक बिम्ब और छवियाँ अंकित हैं। दूसरे विश्वयुद्ध में जापान ने जो महाविनाश सहा उसका जिक्र सबसे पहले हिरोशिमा और नागासाकी के रूप में भारतीय मन में उभरता है। जापान की प्रकृतिप्रियता, पहनावा, नाटक, नृत्य, कविता, स्पर्श चिकित्सा पद्धति, फिल्म, फिल्म निर्देशक, कवि-लेखक, खेल और अन्त में आत्म बलिदान का सर्वोच्च रूप हाराकीरी[14] की छवि कवि मंगलेश डबराल जी के ही नहीं अनेक भारतीय लोगों के मन में आती है।

इसी प्रकार हिन्दी साहित्य में जापान के समाज और संस्कृति की छवियाँ अनेक यात्रा-संस्मरणों में भी प्रस्तुत की गयी हैं। जापान पर आधारित हिन्दी साहित्य में जापान की छवियों को देखा-समझा जाये तो इससे जापान में हिन्दी पढ़ रहे विद्यार्थी भी अवश्य ही तुलनात्मक दृष्टि से जापानी और हिन्दी दोनों भाषाओं के साहित्य में मौजूद यात्रा-साहित्य में दर्ज की गयी छवियों को देख-परख सकेंगे।

हिन्दी में जापान पर आधारित विपुल साहित्य नहीं मिलता है। लेकिन भारतीय समाज विशेषकर हिन्दी प्रदेशों में जापान की एक छवि मिलती है। हिन्दी साहित्य में जापान को किस तरह से देखा-दिखाया गया है, इसकी पड़ताल इस लेख में की जायेगी।

आधुनिक हिन्दी साहित्य की उन्नीसवीं सदी के अन्तिम दशक और बीसवीं सदी के प्रथम चरण में जापान पर परिचयात्मक लेख और पुस्तक जरूर मिलती है लेकिन जापान पर आधारित यात्रा-संस्मरण की कोई किताब इस बीच नहीं मिलती है। उन्नीसवीं सदी के आखिरी दशक में जापान पर हिन्दी भाषा में एक छोटी-सी किताब 'जापान का संक्षिप्त इतिहास'[15] उपलब्ध होती है। इस किताब के लेखक रामनारायण मिश्र जी ने यह पुस्तक बिना जापान आये ही लिखी थी।[16] इसलिए इसे केवल पुस्तकों को पढ़कर लिखी पुस्तक ही माना जा सकता है। इस किताब में लेखक द्वारा अर्जित अनुभव दर्ज नहीं हैं और न ही वे छवियाँ हैं जो लेखक ने ख़ुद देखी हैं।

जापान जाकर वहाँ के समाज और संस्कृति पर रचित साहित्यिक रचनाओं को खोजने पर बहुत ही कम सामग्री हमें मिलती है। जापान के जीवन की विभिन्न छवियों को रखने वाली नौ किताबें 1936 ई. से लेकर 2020 ई. तक की समयावधि में मिली हैं।[17]

साथ ही आठ लेख भी मिल सके हैं।[18] बीसवीं सदी के पाँचवें और नौवें दशक से जुड़ी कोई किताब या लेख अभी तक नहीं मिल सका है। अभी इस सम्बन्ध में और किताबें तथा लेख मिलने की उम्मीद है। इस लेख में अभी तक प्राप्त सीमित अध्ययन सामग्री का उपयोग किया जा सका है। आगे इस लेख के दूसरे हिस्से में अन्य किताबों को भी शामिल करने का विचार है।

1935 ई. में महापंडित राहुल सांकृत्यायन ने जापान की यात्रा की थी। अगले वर्ष उनकी 'जापान' शीर्षक किताब प्रकाशित हुई। इस किताब के द्वारा पहले-पहल आँखों देखे दृश्यों के आधार पर बड़े विस्तार से जापान के समाज और संस्कृति की अनेकानेक छवियों को हिन्दी पाठकों के सामने प्रस्तुत किया गया था। इस किताब से हमें दूसरे विश्वयुद्ध से पूर्व के जापान की व्यापक और समृद्ध छवि देखने को मिलती है।

4 मई 1935 को राहुल सांकृत्यायन जापान पहुँचे। उन्होंने जापान के प्रथम दर्शन के बारे में लिखा–"5 बजे जापान की और अधिक भूमि दिखलाई पड़ने लगी। दाहने-बायें दोनों तरफ हरे-भरे पार्वत्य देश हैं। दाहनी ओर क्यूशू-द्वीप और बायीं ओर जापान का सबसे बड़ा द्वीप होन्शू है। घर दियासलाई के घरौंदे से और प्रायः एक तले दिखाई पड़ रहे हैं। इन छोटी दीखती बस्तियों में भी जगह-जगह चिमनियों से धुआँ निकल रहा था, जो बतला रहा था कि, जापान कहाँ तक उद्योग प्रधान हो चुका है।"[19]

जापान आने वाले प्रायः सभी हिन्दी लेखकों ने जापान की इसी औद्योगिक तरक्की की ओर जरूर इशारा किया है। जापान एशिया के देशों में सबसे पहले औद्योगिक शक्ति के रूप में खड़ा होने वाला देश बना। जापान के पहले दर्शन के समय प्रायः सभी लेखकों ने जापान की आर्थिक सम्पन्नता के बारे में लिखा है। यहाँ राहुल सांकृत्यायन भी जापान के उद्योग प्रधान होने की बात को स्पष्ट लिख रहे हैं।

1935 ई. के बाद जापान के साथ बहुत कुछ अमानवीय अघटित घटित हुआ। दो परमाणु बमों के अलावा अनगिनत बमों के हमलों से जापान पूरी तरह से तहस-नहस हो चुका था। लेकिन कुछ ही सालों में अपनी मेहनत से जापान फिर से उठ खड़ा होता है। जापान के हिरोशिमा शहर को देखकर जापान के पुनर्जीवित और पुनःस्थापित होने की बात समझ आती है। इस बारे में भदन्त आनन्द कौसल्यायन ने 1952 ई. के लगभग लिखा है–"जिसे किसी नगर का विध्वंस और निर्माण एक साथ देखना हो, वह हिरोशिमा को देखे। सात वर्ष पहले अमरीकी अणुबम ने

जिस नगर को जमीन पर सुला दिया था, जापानी कर्तृत्व ने उसे फिर उठाकर खड़ा कर लिया है। जापान के जाग्रत और कर्तव्यपरायण होने का हिरोशिमा सबसे बड़ा सर्टिफिकेट है।"[20] जापान के कर्तव्यपरायण होने का सर्टिफिकेट पूरी दुनिया में पहुँच चुका है। इसलिए जापान की तरक्की को अपनी आँखों से देखने के लिए अनेक सैलानी यहाँ आते हैं। भारत के सैलानियों को भी जापान की चमक यहाँ खींच लाती है। यहाँ वे रोज दीवाली जैसी चकाचौंध देखते हैं। जापान की तरक्की का और उसके प्रथम दर्शन का वर्णन 1971 ई. में प्रमोदचन्द्र शुक्ल ने कुछ प्रकार किया है, जैसे राहुल सांकृत्यायन 1935-36 ई. में कर रहे थे।

"दूर पर असंख्य दीप-मालाएँ चमकने लगीं। क्या इस देश में आज दीवाली है? मुझे हरिद्वार में शाम के समय हर की पैढ़ी पर बहुत से श्रद्धालु भक्तों का जल में दीप विसर्जित करने का दृश्य याद हो आया। गंगा के प्रवाह में बहते दीपों की कतारों की तरह इस समुद्र में सैकड़ों-हजारों दीपों की कतारें दिखाई दे रही हैं। थोड़ी देर बाद आँखों के सामने ज्योति पुंज ही फूट पड़ा। रंगीन और तेज प्रकाश की असंख्य पंक्तियों के बीच हवाई जहाज उड़ रहा था। नीचे सड़कों की रेखाएं स्पष्ट होने लगीं। उन पर दौड़ती हुई कारों की लाल-बत्तियाँ लकीर खींचती-सी आगे बढ़ रही थीं। जहाज और नीचे आया और हनेदो [हनेदा] हवाई अड्डे के चारों ओर मंडराने लगा। चारों ओर सफ़ेद और पीली बत्तियों का लावा बह रहा था।"[21]

जापान की समृद्धि का जो चित्र राहुल जी ने 1936 ई. में हिन्दी साहित्य में प्रस्तुत किया था, लगभग 35 साल के अन्दर आये भयानक बदलावों के बाद फिर से तरक्की पाने की जिद के कारण जापान में दीवाली जैसी दीप-मालाएँ सब को दिखती हैं। जापान की हिन्दी साहित्य में जो छवियाँ उकेरी गयी हैं उसे कई भागों में बाँटकर देख सकते हैं। सबसे महत्त्वपूर्ण छवि आर्थिक क्षेत्र में उन्नति पाने वाले देश के रूप में जापान की छवि है। इसका कुछ-कुछ चित्रण पिछले तीनों उद्धरणों में हमने देखा। इसके बाद जापान की दुनिया में विशिष्ट सामाजिक-सांस्कृतिक छवि है। जिसे जापान आने वाले प्राय: सभी हिन्दी लेखकों ने भरपूर देखा और दर्ज किया है। इसके अन्तर्गत ही जापान के समाज की विशेषता का भी समावेश हो जाता है। समाज के लोगों के व्यवहार के पुंज को ही संस्कृति के भीतर देखा रहा है। शिक्षा और धर्म को भी अलग से न देखकर सामाजिक छवि के साथ रख सकते हैं। इस प्रकार जापान की आर्थिक, सामाजिक और सांस्कृतिक तीन प्रकार की विशिष्ट छवियाँ साहित्य में दिखती हैं। जापान की चौथी बड़ी छवि प्रकृति के दायरे

में आती है। इसे जापान की प्राकृतिक चेतना आधारित छवि भी कह सकते हैं। इस तरह से बड़े व्यापक रूपों में जापान की चार बड़ी छवियाँ हिन्दी यात्रा-संस्मरणों में देखने-पढ़ने को मिलती हैं।

जापान की आर्थिक छवि

जापान की आर्थिक उन्नति से ही आकृष्ट होकर अनेक देशों के लोग जापान आते हैं। भारत से जापान आने वाले हिन्दी लेखक भी इस विचार के अपवाद नहीं हैं। शुरू से ही जापान अपने प्रभाव में सबको ले लेता है। जापान में किस प्रकार से औद्योगिक विकास हो रहा था? उसका एक नमूना ओसाका की इस छवि के साथ दिखाया गया है। जापानी कपड़ों की दुनिया में बड़ी धूम थी। जिसे ओसाका में बड़े पैमाने पर बनाया जाता था। यह दूसरे विश्वयुद्ध से पहले के ओसाका की एक छवि है। ओसाका के कपड़ा-उद्योग की जो छवि राहुल सांकृत्यायन के मन में बनी, उसे व्यक्त करते हुए उन्होंने लिखा है कि "ओसाका जापान का लंकाशायर-मानचेस्टर है।"[22] निरन्तर उन्नति करते रहने और उसके बाद भी सामान्य बने रहने की भी छवि जापान की है। मामूली-सी चीजों का भी बेहतर इस्तेमाल करना जापान की आर्थिक छवि में ही आता है। साथ ही जापान अपनी तरक्की के लिए अमेरिकी समाज की सुविधाओं को अपना आदर्श मानकर चलता है।[24]

परमाणु बम की मार से दोबारा उठ खड़ा होकर जापान फिर से उन्नत देशों की कतार में जल्दी ही शामिल हो गया। दूसरे विश्वयुद्ध के भयानक विनाश के बाद बीस से भी कम सालों में उसने दुनिया की सबसे तेज़ चलने वाली ट्रेन चलाकर सबको चमत्कृत कर दिया था। 'हिकारी' नामक यह गाड़ी तोक्यो और ओसाका के बीच 210 किलोमीटर प्रति घंटे की गति से चलने वाली संसार की सबसे पहली और सबसे तेज़ ट्रेन बनी।[25] इसी साल यानी 1964 ई. में ही जापान में ओलम्पिक खेलों का आयोजन हुआ। तोक्यो आने वाले सभी लोग जगमग करते तोक्यो और वहाँ दौड़ती हजारों कारों को देखकर जापान के आर्थिक विकास का अनुमान सहज रूप से ही कर सकते हैं।[26]

जापान ने बहुत जल्दी ही अपने देश में भौतिक रूप से समृद्धि को सबकी पहुँच तक ला दिया। इसके प्रमाण हैं जापान के हर क्षेत्र में खुलने वाले 'दिपातो' अथवा डिपार्टमेंटल स्टोर।[27] ये ऐसे स्टोर हैं जिनमें जापान की आर्थिक छवि के साथ-साथ जापान में मौजूद वस्तुओं की एक व्यापक प्रदर्शनी भी देख सकते हैं। तोक्यो में सबसे ज़्यादा लोग निवास करते हैं इसलिए वहाँ के डिपार्टमेंटल स्टोर सबसे बड़े भी

हैं। इन बेहद बड़ी दुकानों में दैनिक जीवन और आनन्द से जुड़े अधिकतर सामानों की बिक्री होती है। ऐसे स्थानों पर जाकर लोग घूमने का भी आनन्द लेते हैं। कई बार इन दुकानों में संसारभर की भी चीजें उपलब्ध होती हैं। जापान ने अपनी समृद्धि को पूरे जापान में भी फैलाने का भी काम किया है। इसलिए आर्थिक रूप से जापान के गाँव भी समृद्ध हैं। जापान का गाँव समाज भी कितना उन्नत हो चुका है, इसकी बानगी इस कथन में दिखती है। "जापान में बिजली गाँवों तक में पहुँच गयी है, इसलिए उसका इंतजाम सभी जगह है।"[28] भारत से आया व्यक्ति जापान की इस उन्नति को देखकर जरूर आश्चर्यचकित होता है। जापान के गाँव की ज़िन्दगी और वहाँ के विकास की एक विस्तृत छवि बड़े प्रामाणिक रूप से राहुल सांकृत्यायन ने प्रस्तुत की है।[29] जापान की आर्थिक छवि बहुत कुछ साम्य आधारित है। इस आर्थिक छवि का स्याह पक्ष देखने में कम ही आता है। ग़रीबी के दृश्य और उनका वर्णन कम ही लेखकों ने किया है। फिर भी इस स्थिति का दूसरा पक्ष बिलकुल अनुपस्थित नहीं है। बीसवीं सदी के नौवें दशक में काशीनाथ सिंह ने जापान की आर्थिक समृद्धि के पीछे छिपे दूसरे पक्ष के बारे में लिखा। "वह साथ मुझे जापान की तलछट दिखानेवाला था। "यह जगह है, जहाँ अनजाने लोग आने का साहस नहीं करते, क्योंकि यह चोरों, गुंडों, बेकारों, निठल्लों और आवारों का क्षेत्र है। वे किसी भी नये आदमी का सामान मार-पीटकर छीन सकते हैं। कत्ल भी होते हैं यहाँ।" कहते हुए सुजूकि ने हिदायत दी कि झोला और कैमरा ठीक से सम्भाल रखूँ। मैंने चारों ओर ध्यान से देखा। पूरे जापान ने यही एक जगह दिखी, जो जापान जैसी नहीं थी।"[30] लेकिन जापान में ऐसे दृश्य अपवाद हैं। इसलिए लेखक ने भी इसे 'जापान जैसी' जगह 'नहीं थी' लिखा है।

जापान की सामाजिक छवि

जापान के लोगों के पहनावे के बारे में राहुल सांकृत्यायन जी ने विस्तार से लिखा। जापान के लोगों की छवि इन शब्दों के द्वारा चित्रित की गयी है। जापान की स्त्रियाँ किमोनो पहनती हैं। यह इन वर्षों में कुछ बदला है। लेकिन आज से पचासी वर्ष पहले के समाज की एक छवि यहाँ पढ़ने को मिलती है। पुरुषों के कपड़े यूरोपीय ढंग के हो चुके थे। लेकिन औरतों के कपड़ों में इतना बड़ा बदलाव तब देखने को नहीं मिलता था। "पुरुष अधिकतर हैट, कोट, पतलून में थे, किन्तु स्त्रियाँ बहुधा अपनी जातीय पोशाक किमोनो पहने हुई थीं। कीमोनो, विशेषकर स्त्रियों का कीमोनो, बहुत ही सुन्दर पोशाक है। उसका कलापूर्ण कमरबन्द तो हद से अधिक सुन्दर है।

किमोनो एड़ी तक लम्बा बाहों का चोगा-सा होता है। इसका कमरबन्द 8-7 अंगुल चौड़ा होता है और पीठ पर अधिक सुन्दर बनाने के लिए एक चौड़ी कपड़े की परत देकर उसे चौड़ा कर देते हैं। अधिकांश स्त्रियाँ रबर के चप्पल पहने थीं और कुछ के पैरों में पूर्वी युक्त प्रान्त में बरसात के दिनों में इस्तेमाल किये जाने वाले बद्दीदार खड़ाऊँ थे। जापानी स्त्रियों की बालों की सजावट में अब बहुत अन्तर आ गया है, तो भी दस-बारह वर्ष की कम उम्र वाली लड़कियों को छोड़कर किसी के बाल कटे नहीं हैं। अगल-बगल, आगे-पीछे तथा चाँद पर बालों को फैलाते हुए जूड़ा बनाने का रिवाज अब बहुत ही कम हो गया है। उसकी जगह आगे छोटी-सी तिरछी माँग-बनाकर पीछे काँटों से जूड़ा बाँधा जाता है। इसमें शक नहीं कि, यह केश सज्जा पहले की अपेक्षा अधिक सुन्दर मालूम होती है।"[31] हिन्दी के पाठकों को किमोनो की बारीकी से जानकारी भी यहाँ दी गयी है। साथ ही औरतों की केश-सज्जा का भी सजीव चित्रण यहाँ प्रस्तुत है। किस प्रकार की चप्पलें जापान की औरतें पहनती थीं उसकी भी एक छवि यहाँ दिखाई गयी है।

जापान के लोगों में सामूहिक स्नानागार का भी प्रचुर चलन है। साथ ही जापान में नग्नता का विचार भी भारत से काफी भिन्न है। जब गर्म पानी के कुण्डों, (ओनसेन) में लोगों को निर्वस्त्र देखा जाता है तो विदेशी लोगों के लिए यह बड़ी चौंकाने वाली बात मालूम पड़ती है। लेकिन जापान की यह छवि बड़े ही मनोरंजक ढंग से हिन्दी के पाठकों तक पहुँचती है। "सवेरे ही हमारा नहा लेने का समय था। किन्तु हमारे गुजराती साथी ने गुसलखाने की जो हालत बयान की उससे हमें अपना इरादा छोड़ देना पड़ा। वे कह रहे थे, स्त्री-पुरुष दोनों नंगे एक ही कोठरी में नहा रहे हैं।"[32] जापान में ऐसे तप्तकुण्डों का बड़ा महत्त्व है। हर साल लाखों-करोड़ों लोग इनमें नहाने आते हैं। इनमें सबसे ज़्यादा लोकप्रिय ओनसेन या तप्तकुण्ड बेप्पू में हैं।[33] जापान में स्नान का समय और संस्कार अलग है। कई लोग इसे पूजा की मानते हैं। सामूहिक स्नान को शर्म के साथ जोड़कर नहीं देखते हैं। आठवें दशक में कृष्णनाथ ने जापान में स्नान के बारे में लिखा–"स्नान को भी जैसे पूजा की तरह करते हैं। घरों में पहले फुहारे से जैसे नहा-धोकर टब में 15-20 मिनट बैठकर थकान मिटा लेते हैं। अब घर छोटे हो रहे हैं। सभी घरों में टब नहीं है, तो 'पब्लिक बाथ' है। वहाँ पहले 'शावर' ले लेते हैं। ख़ूब अच्छी तरह देह धो-पोंछ लेते हैं। सब वस्त्र छोड़ देते हैं। सिर्फ़ एक तौलिया देते हैं। उसे लेकर नंगे होकर एक बड़े गरम पानी के टब में बैठ जाते हैं। एक ही टब में

25-30 भी बैठते हैं।"[34] जापान में स्नान का समय प्राय: रात का है। सुबह स्नान कम ही प्रचलित है।

जापानी समाज पर बुद्ध धर्म की अमिट छाप हर ओर देखी जा सकती है। शिन्तो धर्म को मानने वालों की संख्या भी कम नहीं है। न ही शिन्तो जिन्जा की कमी है। लेकिन बौद्ध धर्म और जापान के लोगों के उससे सम्बन्ध पर लेखकों ने ख़ूब लिखा है। जापान में निर्मित पहले बौद्ध मन्दिर की छवि को राहुल जी ने इस रूप में उकेरा है कि यहीं से जापान की सभ्यता की शुरुआत मानी है। "होर्योजी मन्दिर क्या है? जापानी जाति का सर्वस्व। यदि आपने होर्योजी मन्दिर नहीं देखा, तो कह सकते हैं, आपने जापान को नहीं देखा। होर्योजी वह स्थान है जहाँ जापान ने सभ्यता, कला, विज्ञान, धर्म को आरम्भ किया, पूरा किया। होर्योजी जापान का सबसे पुराना बौद्ध मन्दिर है, इसकी स्थापना 586-87 ई. में (सम्राट हर्षवर्धन से भी पूर्व) जापान के अशोक राजकुमार शोतोकू ने की थी। इसकी कुछ इमारतें संसार की सबसे पुरानी लकड़ी की इमारतें हैं।"[35] इस मन्दिर के स्थापत्य की ओर भी यहाँ इशारा किया गया है। साथ ही जापान में बौद्ध धर्म को प्रचलित करने वाले राजकुमार शोतोकू की तुलना उन्होंने सम्राट अशोक से की है। जिस प्रकार भारत में बौद्ध धर्म के प्रचार-प्रसार में सम्राट अशोक का अहम योगदान है, उसी प्रकार जापान में राजकुमार शोतोकू की भूमिका अविस्मरणीय है। बौद्ध धर्म की व्याप्ति को जापानी समाज के हर हिस्से पर देखा जा सकता है। "जो यात्री दो-चार सप्ताह भी और अंग्रेजी ढंग के होटलों में रहते मोटरों में दौड़ते जापान की सैर कर लौट जाते हैं, उन्हें भी इस बात का पता लगने में जरा भी देर नहीं लगती, कि जापान के रोम रोम में बौद्ध धर्म घुसा हुआ है। शहरों में चलें, हर सड़क पर हर गली में तिरकोनी छतवाले बौद्ध-मन्दिर मिलेंगे। नित्ता-जिस गाँव में मैं पौने दो मास रहा हूँ, सिर्फ़ चार हज़ार की बस्ती है–किन्तु यहाँ भी 14 बौद्ध-मन्दिर हैं। गाँव में घूमिये, हर तीस क़दम पर किसी बोधिसत्व–विशेषकर क्षितिगर्भ (जिजो बोसत्सु) की मूर्ति आपको मिलेगी।"[36]

स्त्री शिक्षा के मामले में भी जापानी समाज की एक अलग छवि है। स्त्री को शिक्षा और आगे के जीवन के लिए मजबूत बनाने का कार्य बहुत कुशलता से किया जाता है। इसे इन पंक्तियों में निहित जापानी स्त्रियों की छवि में देखा जा सकता है। "जापान में लड़कियों के ऐसे बड़े-बड़े बहुत से स्कूल हैं। उनमें पढ़ने वाली लड़कियों की यह संख्या बतला रही है, कि जापानी पिता अपनी लड़कियों को सुशिक्षित देखना चाहते हैं। पढ़ाई के अतिरिक्त लड़कियों को भोजन बनाना, सीना-

पिरोना, फूल सजाना, संगीत, चित्रण, तथा चाय-विधान भी सिखलाया जाता है।"[37] जापान आने के बाद जापान की स्त्रियों को समाज के हर कार्य में बराबरी और कई बार तो ज़्यादा अनुपात में योगदान देते हुए देख सकते हैं। इसका एक बड़ा कारण जापानी स्त्रियों की शिक्षा में निहित है। यह छवि समय के साथ और बेहतर और व्यापक होती गयी है। जापान आने वाले कमोबेश सभी यात्रियों ने इसे देखा और दिखाया है। इक्कीसवीं सदी के दूसरे दशक में जापान की यात्रा करने वाले एक और लेखक ने स्त्रियों की समाज में उपस्थिति पर लिखा है–"यहाँ की स्त्रियाँ कर्मठ हैं, आधुनिक हैं, खुले विचारों की हैं। वे सड़कों पर, ट्रेनों में, बसों में, कारों में, दुकानों में, दफ्तरों में यानी की सर्वत्र–चाहे दिन हो या रात हो–बड़ी संख्या में उपस्थिति दर्ज करवाती हैं। राधा जी [लेखक की पत्नी] का तो कहना था कि यहाँ पुरुषों से ज़्यादा स्त्रियाँ दिखाई देती हैं।"[38] यह स्थिति स्त्रियों की शिक्षा के बिना मुमकिन नहीं थी। स्त्री को मजबूत करने से जापान का समाज भी मजबूत होता गया है।

जापान में स्त्री की मजबूत छवि के साथ एक पारम्परिक और विषम छवि भी मिलती है। स्त्री के गेशा रूप की जापानी समाज में अलग अहमियत है। लेकिन स्त्री की इस शिष्ट, शिक्षित और कला-प्रवीण स्थिति को पुरुष समाज अपने मनोरंजन के लिए निर्मित करता है। ऐसा ही जापान में भी दिखता है। जापान के लोग भारत या बाहर से आने वाले लोगों में गेशा (या गीशा / गेइशा / गैश्या) को 'जापानी कला की पराकाष्ठा'[39] कहते हैं। लेकिन इनके भीतर के दुःख को यह समाज छिपाता है। इस दुःख की छवि को भी एक यात्रा-संस्मरण में दर्ज किया गया है। "मिचिकोसान के मुख पर भावनाओं का समुद्र उमड़ता हुआ दिखलाई दिया। उसकी आँखों में आँसू उभरते हुए लगे। परन्तु एक गैश्या अपने व्यक्तिगत भावों को मान्य ग्राहकों के सम्मुख कभी प्रकट नहीं होने देती।"[40]

इस समय तोक्यो संसार का सबसे बड़ा शहर है। लेकिन आज से अस्सी-नब्बे साल पहले यह दुनिया का तीसरा सबसे बड़ा शहर था। जापान भूगोल में भले ही कम दिखता हो लेकिन जनसंख्या में यह दुनिया में बहुत नीचे नहीं है। "शोगुन की राजधानी होते समय भी टोक्यो (येदो) की जनसंख्या दस लाख थी।...और आज टोक्यो की जनसंख्या 54 लाख 32 हज़ार है, अर्थात लन्दन (82 लाख), न्यूयार्क (69 लाख 30 हजार) के बाद तीसरा नम्बर टोक्यो का ही है।"[41] बीते पचासी सालों में तीसरे से पहले नम्बर पर आने के साथ-साथ तोक्यो की जनसंख्या में अभूतपूर्व वृद्धि हुई है। तोक्यो अनेक लोगों को बहुत साफ़ सुथरा को कई लोगों को बहुत गन्दा

भी लगा। तोक्यो की ऐसी ही एक विपरीत छवि गोविन्द दास जी ने प्रस्तुत की है। इसमें उन्होंने तोक्यो की भीड़, लोगों की विनम्रता के साथ तोक्यो की गन्दगी[42] का भी ज़िक्र किया है। क्योतो की छवि जापान के समाज में अलग से पहचानने लायक है। जापान के अनेक मन्दिरों की ही नहीं अनेक रूपों में मौजूद संस्कृति की उपस्थिति भी क्योतो में साफ़-साफ़ देखी जा सकती है। "आज भी कला की दृष्टि में क्योतो का जापान भर में प्रथम नम्बर है। आज भी बड़े-बड़े चित्रकार, काष्ठ-प्रस्तर-शिल्पी क्योतो के विख्यात हैं। हाल में जब सेनेमा (सिनेमा) फिल्म कम्पनियों ने काम शुरू किया, तो क्योतो की अद्वितीय प्राकृतिक सुन्दरता को देख, उन्होंने फिल्म स्तुदियो (स्टूडियो) यहीं बनाये चित्र, नृत्य, कविता मानों क्योतो की हवा में है, इसलिए सांस्कृतिक विशेषता में क्योतो अव्वल है"[43] तोक्यो से पहले लगभग हज़ार ग्यारह सौ वर्षों तक क्योतो जापान की राजधानी थी। इसलिए यह शहर भी अपनी एक विशिष्ट छवि पर्यटक के मन में छोड़ता है। इसी प्रकार ओसाका की भी एक छवि है। सबसे पहले हम लोग ओसाका के कपड़ा-उद्योगों के बारे में पढ़ ही चुके हैं। इसे राहुल सांकृत्यायन 'लंकाशायर और मानचेस्टर' कह चुके हैं। वहीं कुछ लोग इसे नदियों की विपुलता के कारण पूर्व का 'वेनिस'[44] भी कहते हैं।

शिक्षा, तकनीक और विज्ञान की उन्नति के बाद भी जापान की कई बातें सबको चौंकाती हैं। उनमें से एक है समाज में अन्धविश्वास की कुछ उपस्थिति। जब राहुल सांकृत्यायन ने जापान में ज्योतिषी का गोरख-धन्धा देखा तो उन्हें भी बहुत आश्चर्य हुआ। "बाहर आने पर हाते में आमने-सामने कुछ फासले पर दो पिजड़े रखे एक ज्योतिषी लोगों के भाग्य देख रहा था। प्रार्थी पैसा रख देता था। लालकी जाति की एक छोटी चिड़िया उसे दूसरे पिंजड़े के सामने रखे बक्स में डाल देती थी, और चोंच से बहुत सी पड़ी हुई चिट्ठियों में से एक ला रखती थी। उसी चिट्ठी में शुभाशुभ लिखा मिलता था। बेवकूफी समझिये या बुद्धिमानी यह सभी देशों में पाई जाती है। जापान में तो खैर इसके ख़िलाफ़ कानून भी नहीं है, इंगलैंड में कानून होने पर भी भाग्य देखने वालों का व्यवसाय ख़ूब जोरों से चलता है।"[45] यह सब देखने के बाद इस छवि को उन्होंने अन्तर्राष्ट्रीय बेवकूफी की संज्ञा दी। जापान में इस प्रकार की अनेक मान्यताएँ हैं। इसे लोग रोचक अन्दाज़ में करते भी हैं। लेकिन इससे जापान के लोगों में विज्ञान और कर्म के प्रति ढीले पड़ जाने की स्थिति नहीं आती है।

इसी प्रकार के एक यात्रा संस्मरण में लेखिका ममता कालिया जी ने एक मन्दिर में मूर्ति के ऊपर हाथ फेरने और दर्द दूर होने की मान्यता सुनी तो ख़ुद भी तोदायजी मन्दिर के बाहर मौजूद मूर्ति के घुटने पर हाथ फेरने लगीं ताकि उनके घुटनों का दर्द

कम हो। इस सच को वे बख़ूबी जानती हैं कि इससे कुछ होने वाला नहीं लेकिन मनोरंजन के लिए ऐसा करने में क्या बुरा है? "तोदायजी में बौद्ध प्रतिमा के नीचे एक छोटा-सा मार्ग है, इतना संकरा कि एक अकेले व्यक्ति का भी उसमें से निकलना असंभव लगे। प्रचलित मान्यता है कि जो इसमें से पार निकल जाये, उसे मोक्ष प्राप्त हो जाता है। हम सबके मना करते-करते भी हरजेन्द्र चौधरी उसे पार कर जाते हैं। तोदायजी के बरामदे में एक अन्य मूर्ति की स्थापना है। इसका नाम जापानी और हिन्दुस्तानी से मिलकर बना है–भारद्वाज। बुद्ध की ही मुद्रा में बैठे इस देवता की महिमा यह बताई जाती है कि इसके स्पर्श में आरोग्य-शक्ति है। अगर इसका मस्तक छू लें तो आपका सिरदर्द ठीक हो जायेगा। अगर इसके पाँव छू लें तो पाँवों का दर्द छूमन्तर हो जायेगा। मैं देर तक भारद्वाज देव का घुटना छूती हूँ कि मेरे घुटनों का दर्द ठीक हो जाय। कुछ नहीं होता मनोरंजन के सिवाय।"[46] जापान के सामाजिक जीवन की एक छवि यह भी है। इस तरह की अनेक मान्यताएँ जापान के प्रायः सभी मन्दिरों में मौजूद हैं। इसे अच्छे और बुरे के चश्मे से अलग एक छवि के रूप में भी देखा जा सकता है। इन मान्यताओं से जीवन के ढंग में कोई बहुत बड़ा बदलाव नहीं होता है।

जापान में अंग्रेजी का चलन अब भी बहुत कम है। लेकिन पहले आने वाले यात्रियों को अंग्रेजी के विश्वभाषा होने के भ्रम को तोड़ने वाले अनुभव जापान में सहजता से हो जाते हैं। "भारतवासियों में यह प्रचलित विश्वास है कि अंग्रेजी भाषा का ज्ञान कहीं भी काम दे सकता है। बाज़ारों, बैकों और आफिसों में, सड़कों और बस- स्टैंडों पर अंग्रेजी बोलने वाले को कोई कठिनाई नहीं होती। हम लोग अंग्रेजी को इतनी समर्थ और सार्वभौमिक भाषा समझते हैं कि उसके सहारे विद्या, व्यापार और विज्ञान की पेचीदगियों को सुलझाना सुलभ समझते हैं। मेरी यह गलतफहमी तोक्यो पहुँचते ही दूर हो गयी। लम्बी साधना के बाद प्राप्त अंग्रेजी के ज्ञान की कुंजी को जापानी जन-मानस के तालों को खोलने में विफल पाया। अंग्रेजी का ज्ञान होते हुए भी मैं असहाय, बेबस और निरालम्ब था।"[47] अपनी भाषा के प्रति सम्मान का भाव भी इन पंक्तियों में दिखता है। जापान में अंग्रेजी का वह प्रभाव नहीं दिखता है जो भारत में दिखता है।

जापान में ईमानदारी और समय की पाबन्दी कोई अनोखी बात नहीं मानी जाती है। लेकिन भारत से आने वाले लोगों के लिए यह सुखद आश्चर्य से कम नहीं होता है कि जापान की बसें, ट्रेनें कभी देर से नहीं चलती हैं। "जमीन के ऊपर और नीचे चलने वाली रेलों के प्लेटफार्मों पर सदा भीड़भाड़ रहती है।... पहचानने की सुविधा के लिए इन गाड़ियों को अलग-अलग रंगों से रँग दिया गया

है। इनकी समय की पाबन्दी संसार भर में अनोखी है। आप अपनी घड़ी का टाइम उनके समय से ठीक कर सकते हैं।"[48] जापान की यह छवि सभी देशों के लोगों को आकृष्ट करती है।

जापान ने अपने सभी नागरिकों को शिक्षित करने का बड़ा महत्त्वपूर्ण कार्य किया है। साथ ही पढ़ने की उनकी आदत भी सबको प्रभावित-चमत्कृत करती है। साधनहीन और शिक्षा की कमी वाले समाज के लोगों के लिए जापान के लोगों की यह छवि अभूतपूर्व लगती है। "सभी स्त्री-पुरुष सिमट कर शान्त भाव से थोड़े से ही स्थान में खड़े हो जाते हैं। जैसे ही गाड़ी चलने लगेगी गाड़ी की छत से लटके चमड़े के बँधों को पकड़ लेंगे, ताकि अपने स्थान पर स्थिर रह सकें। बहुत से लोग अपनी पुस्तक या पत्र-पत्रिका निकालकर पढ़ने लगेंगे। मैंने तो कई बार इस भीड़ के बीच में लड़के-लड़कियों को कोश खोलकर शब्दों के अर्थ दुहराते देखा है।"[49] जिस तरह जापान के लोगों में समय की पाबन्दी या पढ़ने की आदत और ईमानदारी की भावना कूट-कूटकर भरी हुई है। उसी प्रकार सहयोग और मदद करने के भाव और व्यवहार भी अक्सर ही देखने को मिलते हैं। यह देश-प्रेम का ही एक रूप है कि अपने देश में आने वाले लोगों की हर प्रकार से मदद करने का विचार जापान के लोगों की अमिट छवि है। "लोगों से पूछने पर भाषा की कठिनाई खड़ी हो जाती है।...जब किसी जापानी को कोई बात समझ में नहीं आती तो वह आस-पास खड़े किसी दूसरे से उसके बारे में पूछेगा। अगर उससे भी ठीक उत्तर नहीं मिला तो किसी तीसरे से पूछेगा।"[50] यह प्रवृत्ति जापान में आम है। इसे बाहर से आने वाले भले ही बड़े आश्चर्य से देखें लेकिन जापानी लोगों के लिए यह आचरण कोई नया या विशेष नहीं है।

जापान की सांस्कृतिक छवि

जापान में चाय की एक विशिष्ट संस्कृति है। जापानी समाज में चाय केवल पेय नहीं बल्कि आचरण का एक हिस्सा है। इस विषय में साहित्य सर्जना भी हुई है। भारतीयों को चाय की इस संस्कृति का पहला परिचय तो रवीन्द्रनाथ ठाकुर के लेख से मिला था।[51] रवीन्द्रनाथ ठाकुर ने इस विषय पर अपनी यात्रा-पुस्तक में बड़े मनोयोग से लिखा भी है। जापानी लेखक तेनशिन ओकाकुरा (काकुज़ो ओकाकुरा) ने इस विषय पर एक बीसवीं शताब्दी के पहले दशक में 'द बुक ऑफ़ टी' नामक किताब भी लिखी थी। लेकिन हिन्दी पाठकों को जापान की इस दिलचस्प संस्कृति का आँखों देखा वर्णन राहुल सांकृत्यायन की किताब से ही मिलता है।

चाय के रंग-ढंग से लेकर उसके स्वाद की एक सजीव छवि यहाँ प्रस्तुत है–"हम लोग बैठ गये। जरा ही देर में चा-नो-यू (चाय का गर्म पानी) आ गया। काठ की छोटी-छोटी तश्तरियों में खिलौने जैसे छोटे-छोटे प्याले रक्खे गये।...एक तश्तरी में चीनी की कुछ रंग-बिरंगी मिठाई भी रक्खी गयी। हमारे साथी चा-नो-यू को बीमारी का काढ़ा समझते थे। उनमें मेयोची महाशय के अतिरिक्त हमीं ऐसे थे, जो प्रसन्नता से तथा एक दो प्रशंसा के शब्दों के साथ जापानी चाय पीते थे। वह हल्का सा चाय का पानी था, उसमें न दूध, न चीनी और न नमक ही था।"[52] भारत और दुनिया के देशों में चीन से चाय का प्रचार हुआ। लेकिन भारत की चाय की तुलना में चीन और जापान की चाय बिलकुल अलग होती है। जापान में पहले-पहल चाय पीने वाले भारतीयों को यह किसी हरी कसैली दवाई की तरह लगती है। लेकिन जापान में चाय का अपना विशेष सामाजिक और सांस्कृतिक महत्त्व है। इसे विशेष मान दिया गया है। इसे धार्मिक पद्धति से भी जोड़कर देखा जाता है। इसकी विशेष शिक्षा ली-दी जाती है। चाय पिलाने की विशिष्ट विधि का पालन और प्रदर्शन जापान की अपनी सबसे प्रमुख छवि है। चाय के साथ ही फूलों की विशिष्ट सज्जा जिसे इकेबाना[53] कहते हैं, भी जापान की अपनी विशेषता है। इन दोनों के बारे में जापान के ही सज्जन लेकिन हिन्दी के लेखक और अनेक वर्ष भारत में बिताने वाले भारत-प्रेमी साइजी माकिनो जी ने लिखा है–"पुष्प-सज्जा की उत्पत्ति के साथ ही साथ 15वीं सदी में 'चानोयु' (चाय-विधि) का प्रारम्भ भी हुआ था। 'इकेबाना' 'चानोयु' के लिए अनिवार्य है। इकेबाना के बिना चानोयु नीरस है, अतः ये दोनों साथ-साथ चलने वाली जपानी जीवन-कलाएँ हैं।"[54] इन दोनों जापानी कलाओं को भी हिन्दी के लेखकों ने बख़ूबी दर्ज किया है।

राहुल सांकृत्यायन ने जापान में चाय को ध्यान-सम्प्रदाय से भी जुड़ा देखा है। इसका उद्भव उन्होंने चीन से माना है। "यह चाय-पान विधान ध्यान-सम्प्रदाय का विशेष आविष्कार है। बल्कि चाय स्वयं एक ध्यानीय भिक्षु द्वारा चीन से जापान लाई गयी थी।"[55] जापान की चाय भारत में पी जाने वाली चाय से किस प्रकार भिन्न है, इसे भी यहाँ कम शब्दों में सटीक रूप में दिखाया गया है।

जापान के लोग कितने कलाप्रिय होते हैं इसे प्रायः सभी लेखकों ने ही नहीं जापान आने वाले सभी लोगों ने बख़ूबी देखा है। जापान के लोग हर जीवन-स्थिति में कला को रचते हैं। इस बात को रवीन्द्रनाथ ठाकुर ने भी महसूस किया और अपनी यात्रा में दर्ज किया।[56] कलाविहीन जीवन के दर्शन न रवीन्द्रनाथ ठाकुर

को जापान में हुए और न ही उनके बाद आने वाले किसी लेखक या पर्यटक को। राहुल सांकृत्यायन को भी सभी स्थानों पर कलाप्रियता-प्रकृतिप्रियता के सुन्दर दर्शन होते हैं। "ग़रीब हो या अमीर, महल हो चाहे झोंपड़ा, सारी जापानी जाति अत्यन्त कलाप्रिय, सौन्दर्योपासक जाति है। कलाप्रिय ही नहीं कलाकार है, जिसको हाथ लगाया, वही सुन्दर बन गया।"[57] जापान का एक भी हिस्सा इन तरह की कलाकारी से अछूता नहीं है। कोई भी जगह बेकार नहीं छोड़ी जाती है। इस छवि को देखते हुए सभी को महसूस होता है कि पूरा जापान ही छोटा-सा उद्यान है।

जापान में प्रकृति और कलाप्रियता के सन्दर्भ में वर्ग का बहुत बड़ा भेद नहीं है। अमीर-ग़रीब में भी इतना फर्क नहीं है कि वहाँ प्रकृति के प्रति उदासीनता के दर्शन होते हों। यदि छोटा घर है तो भी कला के सूक्ष्म दर्शन जरूर होते हैं। छोटे से स्थान पर भी छोटे-छोटे उद्यान बना लेने का कौशल एक अलग छवि का निर्माण करता है। "मजदूरों के घरौंदे में भी आप दोचार फूलों के गमले पायेंगे। यदि दो हाथ लम्बी चौड़ी भूमि घर के आगे पीछे है, तो वहाँ एक क्रीड़ा-उद्यान पायेंगे। क्रीड़ा-उद्यान की रचना में जापान चरम सीमा को पहुँच गया है।"[58] इस कलाप्रियता में प्रकृति आलम्बन के रूप में सदैव मौजूद रहती है। कला किस तरह आत्मीय सुख की सर्जना करती है, इसे जापानी समाज की सभी छवियों में आसानी से देखा जा सकता है। जापान की संस्कृति में एक बड़ी अनोखी चीज सभी लेखकों ने दर्ज की है कि नये और पुराने का बड़ा सुन्दर समन्वय जापान में देखने को मिल जाता है। परम्परा के पुराने और नये रूपों की एक साथ मौजूदगी आराम से दिख जाती है।

जापान के प्राकृतिक सौन्दर्य की एक छवि ऐसे पेड़ों की भी है जिन्हें दुनिया बोन्साई के नाम से जानती है। मूल पेड़ों को बहुत छोटे रूप में छोटे-छोटे गमलों में सजाने की यह कला जापान की अनूठी कला है। "बेन्साई [बोन्साई] के वामन-वृक्ष लम्बे या चपटे गुलदस्ते में रखे जाते हैं। यह पेड़ करीब एक फुट ऊँचा होता है। वामन-वृक्ष जापानियों की विशेष-प्रथा है। वे विशालकाय पेड़ों को इस तरह लगाते हैं कि ऊँचाई रुक जाती है। ये वामन-वृक्ष कमरों की शोभा बन जाते हैं।"[59] जापान में बड़ी से बड़ी और छोटी से छोटी जगह को सुन्दर बनाने का ही यह भी एक नमूना है। अगर बहुत छोटी जगह पर बड़े पेड़ों को नहीं उगा सकते हैं तो वहाँ ऐसे वामन वृक्ष या बोन्साई पेड़ों को लगाया जाता है।

जीवन के अनेक क्रियाकलापों में ऐसे विचार या आचरण को चिह्नित किया जा सकता है जहाँ नया और पुराना विचार सहयोग की भूमिका में उपस्थित हैं। "यह पूर्व

और पश्चिम, नये और पुराने, परम्परा और फैशन का अनूठा संगम है। बेसबाल, सिनेमा, टेलीफ़ोन, स्वछंदता, निओं के प्रकाश, विह्स्की, शोर-गुल, नग्न-नृत्य, पाचिको की मशीन, पश्चिमी संगीत, गति और प्रगति के प्रति यहाँ के लोगों की उतनी ही आसक्ति है जितनी सूमो (कुश्ती) नोह और काबुकी नाट्यशालाओं, लकड़ी के मकानों, चेरी के फूलों, ज्योतिषियों, हाइकू-छन्दों, परिवार, किमोनो, कागज़ के पंखों, जीवित मछलियों, चाय सेरेमनी और साके के प्रति है। वे घर के बाहर यूरोपीय वेश-भूषा पहिन कर पश्चिम के तौर-तरीकों का पालन करते हैं, किन्तु घर के अन्दर किमोनो कस कर प्राचीन रीति-रिवाजों का अनुशीलन करते हैं।"[60]

जापान में प्रकृति का सौन्दर्य सभी हिन्दी किताबों में देखने को मिलता है। जापान आने वाले सभी लोग प्रकृति के साथ जापान के सम्बन्ध पर विस्तार और प्रशंसात्मक ढंग से ही लिखते हैं। राहुल सांकृत्यायन जी ने आर्थिक विकास और प्रकृति के साथ जापान के समन्वय पर अपनी बात रखी है।

कस्बों में फैक्ट्रियाँ और प्रकृति की रक्षा एक साथ करने का महत्त्वपूर्ण समन्वय जापान में दिखता है। यह छवि प्रकृति को स्नेह करने वाले लेखकों को बहुत आकृष्ट करती है। "कस्बों में जगह-जगह फैक्ट्रियाँ हैं। जंगल यहाँ नेपाल की तरह बेदर्दी से काटे नहीं गये हैं। जगह-जगह बांस, देवदार तथा दूसरे वृक्षों के वन हैं।"[61] जापान की प्राकृतिक सुन्दरता में पहाड़ों का बड़ा योगदान है। जापान की सबसे प्रसिद्ध छवि जो पूरी दुनिया में जापान का प्रतिनिधित्व करती है वह जापान के सबसे ऊँचे पर्वत 'फूजी' की छवि है। इस पर्वत को देखने के लिए दुनियाभर से हजारों लोग रोज आते हैं।[62] हर मौसम में इसकी सुन्दरता भी भिन्न और विशिष्ट होती है।

जापान के पहाड़ों को हिमालय के रूप में देखने वाली दृष्टि राहुल जी की रही है। उन्होंने सदाबहार वनों से ढँके पर्वतों को शिवालय के शिखर की तरह माना। "अपनी गाड़ी और लाइन का ख्याल छोड़ देने पर मालूम होता था, हम जापान में नहीं, हिमालय में आ गये हैं। चारों ओर जिधर देखिये, उधर सदा-हरित विशाल देवदार किसी विशाल शिवालय के शिखर की तरह खड़े हैं।"[63] आर्थिक विकास को प्रकृति के विनाश का कारण नहीं बनाने की छवि यहाँ प्रस्तुत है। साथ ही आर्थिक विकास के प्रसार को भी यहाँ दर्ज किया गया है। चूँकि राहुल सांकृत्यायन अनेक बार नेपाल भी गये थे। और वहाँ की प्रकृति के साथ हुए दुर्व्यवहार को भी उन्होंने लिखा। जापान की प्रकृति में बांस और देवदार बहुलता में पाये जाते हैं उसे भी हिन्दी पाठकों को बताया गया है।

सन्दर्भ ग्रन्थ-

1. भारत-जापान सम्बन्धों का सूत्रपात और स्वामी विवेकानंद, स्वामी मेधासानन्द ने अपने लेख का शीर्षक दिया है–"भारत-जापान सम्बन्धों का सूत्रपात और स्वामी विवेकानंद" इस लेख में उन्होंने यह तथ्य माना है। ऋतुपर्ण, सुरेश, सम्पादक, जापान के क्षितिज पर रचना का इन्द्रधनुष, गौरव प्रकाशन, प्रथम संस्करण 2012, पृष्ठ संख्या 53
2. "मेरी हार्दिक इच्छा है कि हमारे देश की युवा पीढ़ी का प्रत्येक व्यक्ति अपने जीवन में कम से कम एक बार जापान की यात्रा जरूर करे।" वही, पृष्ठ संख्या 56,
3. मिश्र, रामनारायण, जापान का संक्षिप्त इतिहास, काशी नागरीप्रचारिणी सभा, वाराणसी, संस्करण 1898?
4. वही, भूमिका
5. ऋतुपर्ण, सुरेश, संपादक, जापान के क्षितिज पर रचना का इन्द्रधनुष, गौरव प्रकाशन, प्रथम संस्करण 2012, पृष्ठ संख्या 70
6. पालीवाल, रीतारानी, अज्ञेय के सृजन में जापान, वाणी प्रकाशन, प्रथम संस्करण 2003, पृष्ठ संख्या 41
7. वही, पृष्ठ संख्या 41
8. वही, पृष्ठ संख्या 41
9. अज्ञेय की जापान में रहकर लिखी गईं 37 कविताएँ निम्नलिखित हैं–(बिकाऊ -तोक्यो, जापान, 24 अप्रैल 1957, हे अमिताभ -क्योतो, जापान, 6 सितम्बर 1957, धरा-व्योम -नारा, जापान, 6 सितम्बर 1957, नदी तट -नारा, जापान, 6 सितम्बर 1957, दीप पत्थर का- क्योतो, जापान, 9 सितम्बर 1957, एक चित्र -नारा-क्योतो, 9 सितम्बर 1957, अंगूर-बेल -क्योतो, 9 सितम्बर 1957, क्या हमीं रहे -क्योतो, 10 सितम्बर 1957, प्यार: अव्यक्त -क्योतो, 10 सितम्बर 1957, सोन-मछली -क्योतो, 10 सितम्बर 1957, खिड़की एकाएक खुली -क्योतो, 11 सितम्बर 1957, प्यार: व्यक्त -क्योतो, 12 सितम्बर 1957, मैं देख रहा हूँ -तोक्यो, 15 सितम्बर 1957, साधना का सत्य -तोक्यो, 15 सितम्बर 1957, वह क्या लक्ष्य -तोक्यो, 15 सितम्बर 1957, 'द्वारहीन द्वार' -तोक्यो, 15 सितम्बर 1957, घाट-घाट का पानी -तोक्यो, 16 सितम्बर 1957, आँखें-1- तोक्यो, 16 सितम्बर 1957, आँखें-2 -तोक्यो, 17 सितम्बर 1957, घनी धुंध से छाया -तोक्यो, 17 सितम्बर 1957, पूनो की साँझ -जापान, सितम्बर 1957, रात में गाँव- तोक्यो, (जापान) 18 सितम्बर 1957, पहाड़ी यात्रा -जापान, सितम्बर 1957, सागर में ऊब-डूब- तोक्यो-कामाकुरा, 22 सितम्बर 1957, सम्राज्ञी का नैवेद्य-दान -तोक्यो, 25 सितम्बर 1957, दाता और भिखारी -तोक्यो, जापान, 27 सितम्बर 1957, एक हवा-सी बार-बार -तोक्यो, 27 सितम्बर 1957, चुप-चाप-चुज़ेनजी, -निक्को (जापान), शरत्पूर्णिमा, 10 अक्टूबर 1957, रात-भर आते रहे सपने -तोक्यो, 14 नवम्बर 1957, रूप-केकी -क्योतो-ओसाका (रेल में), 16 दिसम्बर 1957, रात और दिन -ओसाका, 18 दिसम्बर 1957, औद्योगिक बस्ती -ओसाका-हिरोशिमा (रेल में), 17

दिसम्बर 1957, लौटे यात्री का वक्तव्य -हिरोशिमा, 18 दिसम्बर 1957, सान्ध्य तारा -जापान, 21 दिसम्बर 1957, सागर पर भोर -अटाभी (जापान), 21 दिसम्बर 1957, मैं ने कहा, पेड़...- तोक्यो, (जापान), 24 दिसम्बर 1957, सागर पर साँझ-शिमिज़ू सागर तट (जापान), 5 जनवरी 1958) अज्ञेय, सदानीरा, सम्पूर्ण कविताएँ, भाग 2: कविताएँ 1957-1980, नेशनल पब्लिशिंग हाउस, प्रथम संस्करण 1986, पृष्ठ संख्या 19-42

10. अज्ञेय, सदानीरा, सम्पूर्ण कविताएँ, भाग-2: कविताएँ 1957-1980, नेशनल पब्लिशिंग हाउस, प्रथम संस्करण 1986, पृष्ठ संख्या 28-29

11. पालीवाल, रीतारानी, अज्ञेय के सृजन में जापान, वाणी प्रकाशन, प्रथम संस्करण 2003, पृष्ठ संख्या 41 --"असाध्य वीणा' नामक सुप्रसिद्ध लम्बी कविता के लिए भी अज्ञेय जापान के ऋणी हैं।"

12. अज्ञेय, अरी ओ करुणा प्रभामय, भारतीय ज्ञानपीठ, प्रथम संस्करण 1959, पृष्ठ संख्या 106

13. डबराल, मंगलेश, एक सड़क एक जगह, सेतु प्रकाशन, नई दिल्ली, प्रथम संस्करण 2020, पृष्ठ संख्या 112

14. "हाराकीरी देशभक्ति की सर्वोच्च अवस्था मानी जाती थी। इसे सेपुक्कू भी कहते हैं। ऐसे ही एक नामचीन मार्शल जनरल की कब्र का बयान यहाँ किया गया है।"..."पराजय और आत्मसमर्पण उनके शब्दकोश में नहीं थे। आत्म समर्पण उनकी परम्परा अपितु कानून के भी विरुद्ध था। सब कुछ नष्ट हो जाने के बावजूद वह निरंतर लड़ते रहना चाहते थे। यह पराजय उनके लिए इतनी अपमानजनक थी कि बहुत सारे सैनिक अधिकारियों ने पूरी जिन्दगी इस यातना को आत्मा पर फलते रहने के बजाय "सेपुक्कू" को अपनी मुक्ति का द्वार स्वीकार किया। यह मार्शल जनरल सुगियामा हाजिमे की कब्र है। 15 अगस्त 1945 आत्मसमर्पण का दिन। ठीक उनकी बगल में उनकी पत्नी की कब्र है। अपनी पत्नी की हत्या गोली मार कर करने के बाद स्वयं आत्महत्या।"- अग्रवाल, अशोक, किसी वक्त किसी जगह, सारांश प्रकाशन, प्रथम संस्करण 1998, पृष्ठ संख्या 116

15. मिश्र, रामनारायण, जापान का संक्षिप्त इतिहास, काशी नागरीप्रचारिणी सभा, वाराणसी, संस्करण 1898?

16. पुस्तकों के अतिरिक्त और कहीं से भी मुझे जापान का कुछ हाल मालूम नहीं हुआ। जापान की सभ्यता दिन दूनी रात चौगुनी बढ़ रही है, वहाँ का सच्चा वृत्तान्त वही लिख सकता है जिसको उस देश में जाने का सौभाग्य प्राप्त हो।" वही, भूमिका

17. (1) सांकृत्यायन, राहुल, जापान, साहित्य-सेवक-संघ, छपरा, बिहार, प्रथम संस्करण 1936; (2) शुक्ल, विष्णुदत्त, जापान की बातें, नवयुग प्रकाशन मंदिर, पटना, बिहार, प्रथम संस्करण 1938; (3) कौसल्यायन, भदन्त आनंद, आज का जापान, श्रीअजन्ता प्रेस लिमिटेड, पटना, बिहार, प्रथम संस्करण 1952?; (4) बजाज, रामकृष्ण, जापान की सैर, सत्साहित्य प्रकाशन, नई दिल्ली, प्रथम संस्करण 1957?; (5) शर्मा, हरिदत्त,

सूर्योदय के देश में, सहयोग प्रकाशन, नई दिल्ली, प्रथम संस्करण 1965; (6) शुक्ल, प्रमोदचन्द्र, गुड़ियों के देश में, शब्दकार प्रकाशन, नई दिल्ली, प्रथम संस्करण जनवरी 1971; (7) सेठ, प्राणनाथ, चढ़ते सूरज का देश, राजपाल एंड सन्ज, नई दिल्ली, प्रथम संस्करण 1976; (8) माकिनो, साइजी, जापानी आत्मा की खोज, प्रकाशक साइजी माकिनो, शान्तिनिकेतन, पश्चिम बंगाल, प्रथम संस्करण 2000; (9) द्विवेदी, रामप्रकाश, जापान जर्नल: जजीरे के जजमान, सेंटर फॉर कल्चर एंड ग्लोबल स्टडीज़, नई दिल्ली, प्रथम संस्करण 2018

18. (1) दास, गोविन्द, पृथ्वी परिक्रमा, आत्माराम एंड संस, नई दिल्ली, प्रथम संस्करण 1954; (2) अग्रवाल, अशोक, किसी वक्त किसी वक्त, तामाबोचि, सारांश प्रकाशन, नई दिल्ली, प्रथम संस्करण 1998; (3) कृष्णनाथ, पृथ्वी परिक्रमा, वाणी प्रकाशन, नई दिल्ली, प्रथम संस्करण 2009, (4) गर्ग, मृदुला, कुछ अटके कुछ भटके, पेंगुइन बुक्स इंडिया, यात्रा बुक्स, नई दिल्ली, प्रथम संस्करण 2006; (5) कालिया, ममता, जापान का तोदायजी मन्दिर, नया ज्ञानोदय, जून 2012; (6) दीक्षित, दामोदर दत्त, जापान, फिर अमेरिका, राही प्रकाशन, शाहजहाँपुर, उत्तरप्रदेश, प्रथम संस्करण 2017; (7) जैन, इंदु, पत्रों की तरह चुप-जापान-प्रवास, लोकभारती प्रकाशन, प्रयागराज, उत्तरप्रदेश, प्रथम संस्करण 2020; (8) डबराल, मंगलेश, एक सड़क एक जगह, हाइकू के इर्द-गिर्द, सेतु प्रकाशन, नई दिल्ली, प्रथम संस्करण 2020

19. सांकृत्यायन, राहुल, जापान, साहित्य-सेवक-संघ, छपरा, बिहार, प्रथम संस्करण 1936, पृष्ठ संख्या 52

20. कौसल्यायन, भदन्त आनंद, आज का जापान, श्रीअजन्ता प्रेस लिमिटेड, पटना, प्रथम संस्करण 1952?, पृष्ठ संख्या 18-19

21. शुक्ल, प्रमोदचंद्र, गुड़ियों के देश में: जापान-यात्रा-संस्मरण, शब्दकार प्रकाशन, नई दिल्ली, प्रथम संस्करण 1971, पृष्ठ संख्या 12

22. "कुछ स्टेशनों को पारकर हम ओसाका स्टेशन पर पहुँचे। गाड़ी खुली, चारों ओर हज़ारों कारखानों की चिमनियाँ धुँआ फेंक रही थीं। ओसाका जापान का लंकाशायर-मानचेस्टर है। सूती कपड़ों के लिए यह विशेष तौर से प्रसिद्ध है। दुनिया के बाज़ारों में ओसाका के कपड़ों ने तहलका मचा रक्खा है।" सांकृत्यायन, राहुल, जापान, साहित्य-सेवक-संघ, छपरा, बिहार, प्रथम संस्करण 1936, पृष्ठ संख्या 68

23. "जापानियों का एक विशेष गुण यह भी है कि वे अपनी उन्नति से अपना दिमाग खराब नहीं कर लेते। उनमें अपनी उन्नति को पचा लेने और आगे बढ़ते रहने की बान है। उनमें दूसरी यह प्रवृति है कि वे यह कोशिश करते हैं कि कोई भी चीज़ बेकार न जाये। वे कूड़े का भी प्रयोग करना जानते हैं।" शर्मा, हरिदत्त, सूर्योदय के देश में, सहयोग प्रकाशन, दिल्ली, प्रथम संस्करण 1965, पृष्ठ संख्या 153

24. "सरकार ने हाल में ही लगभग छः लाख मकान बनवाए हैं, लोग भी अपने-अपने मकान बनवा रहे हैं, फिर भी हमें और मकान चाहिए। मकानों की हमें वैसी ही सुविधा चाहिए, जैसी अमरीका में है।" वही, पृष्ठ संख्या 158

25. “तोक्यो और ओसाका के बीच चलने वाली रेलों की गति संसार में सबसे तेज़ है और ये विज्ञान और इंजीनियरी के चरम विकास की प्रतीक मानी जाती हैं। इस दोहरी लाइन पर हर रोज़ 112 सवारी गाड़ियाँ आती-जाती हैं। इनमें ‘हिकारी’ नाम की गाड़ी सबसे अधिक गति से चलती है। 210 किलोमीटर प्रति घंटा की गति से 515 किलोमीटर का रास्ता यह केवल तीन घंटे में तय करती है।” शुक्ल, प्रमोदचंद्र, गुड़ियों के देश में : जापान-यात्रा-संस्मरण, शब्दकार प्रकाशन, दिल्ली, प्रथम संस्करण 1971, पृष्ठ संख्या 39

26. “हवाई अड्डे से शहर की तरफ चले तो देखा कि टोकियो जगमगा रहा है। बाज़ार तो बंद था, लेकिन सड़कों पर चहल-पहल थी। हजारों टैक्सियाँ बहुत तेज़ी से दौड़ रही थीं।” शर्मा, हरिदत्त, सूर्योदय के देश में, सहयोग प्रकाशन, दिल्ली, प्रथम संस्करण 1965, पृष्ठ संख्या 21

27. “तोक्यो में मुझे सबसे आकर्षक स्थान ‘दिपातो’ लगे। दिपातो अंग्रेजी शब्द ‘डिपार्टमेंटल स्टोर’ का संक्षिप्त जापानी रूपान्तर है। छः-सात या आठ मंजिल की बड़ी इमारत में दूकान, शो-रूम, संग्राहालय, प्रदर्शनी, मनोरंजन केंद्र और रेस्तराँ के सामूहिक स्वरूप को ‘दिपातो’ नाम दिया गया है। संसार में शायद ही कोई ऐसी चीज हो, जो दिपातो में न मिल सके। इसके साथ-ही स्त्री-पुरुष, बाल-वृद्ध, देशी-विदेशी, सभी के खान-पान और मनोरंजन के साधन मिलते हैं। दिपातो में जापान के वाणिज्य का चरण विकास निहित है और वे जापान की समृद्धि के विस्तृत विज्ञापन हैं।” शुक्ल, प्रमोदचंद्र, गुड़ियों के देश में : जापान-यात्रा-संस्मरण, शब्दकार प्रकाशन, दिल्ली, प्रथम संस्करण 1971, पृष्ठ संख्या 26

28. सांकृत्यायन, राहुल, जापान, साहित्य-सेवक-संघ, छपरा, बिहार, प्रथम संस्करण 1936, पृष्ठ संख्या 60

29. वही, पृष्ठ संख्या 173-187

30. सिंह, काशीनाथ, सदी का सबसे बड़ा आदमी, राजकमल प्रकाशन, प्रथम संस्करण 1986, पृष्ठ संख्या 156-57

31. सांकृत्यायन, राहुल, जापान, साहित्य-सेवक-संघ, छपरा, बिहार, प्रथम संस्करण 1936, पृष्ठ संख्या 56-57

32. वही, पृष्ठ संख्या 61

33. “जापानी लोग प्राकृतिक दृश्यों के बड़े प्रेमी होते हैं। जापान में देश के भिन्न-भिन्न भागों में एक हजार तप्तकुंड फैले हुए हैं। हर साल दो करोड़ आदमी इन चश्मों को देखने और नहाने आते हाँ। बेप्पू के चश्मे सबसे अधिक प्रसिद्ध हैं।” वही, पृष्ठ संख्या 62

34. कृष्णनाथ, पृथ्वी परिक्रमा, वाणी प्रकाशन, प्रथम संस्करण 2009, पृष्ठ संख्या 119

35. सांकृत्यायन, राहुल, जापान, साहित्य-सेवक-संघ, छपरा, बिहार, प्रथम संस्करण 1936, पृष्ठ संख्या 70

36. वही, पृष्ठ संख्या 135

37. वही, पृष्ठ संख्या 215

38. दीक्षित, दामोदर दत्त, जापान, फिर अमेरिका, राही प्रकाशन, शाहजहाँपुर, उत्तरप्रदेश, प्रथम संस्करण 2017, पृष्ठ संख्या 53

39. "डिपार्टमेंटल स्टोर का नया जापानी दोस्त मेरे दिमाग में यह बात अच्छी तरह उतार देना चाहता था कि गीशा का मतलब हल्के-फुल्के मनोरंजन से नहीं, गीशा सामान्य अभिनेत्री, सामान्य नर्तकी और संन्य मनोरंजनकर्त्री से बहुत अच्छी कला-साधिका है। वह कह देना चाहता था कि गीशा का मतलब एकदम कला-कन्या है। वह समझा रहा था कि वैसे तो जापान ही एक कलामय देश है, कला ही यहाँ का जीवन है, परन्तु गीशा जापानी कला की पराकाष्ठा का नाम है।" शर्मा, हरिदत्त, सूर्योदय के देश में, सहयोग प्रकाशन, दिल्ली, प्रथम संस्करण 1965, पृष्ठ संख्या 43

40. सेठ, प्राणनाथ, चढ़ते सूरज का देश, राजपाल एण्ड सन्ज़, नई दिल्ली, प्रथम संस्करण 1976, पृष्ठ संख्या 100

41. सांकृत्यायन, राहुल, जापान, साहित्य-सेवक-संघ, छपरा, बिहार, प्रथम संस्करण 1936, पृष्ठ संख्या 81

42. "टोकियो का जीवन जापान देश का जीवन का प्रतिनिधित्व करता है। यहाँ सड़कों पर नर-नारियों का सदा प्रवाह-सा बहता रहता है। उनके नखशिख तथा वेशभूषा से जापान की जनता के स्वरूप एवं उनके व्यवहार से इस जनता की विनम्रता का ज्ञान हो जाता है। साथ ही टोकियो की गंदगी से इस बात का भी पता चल जाता है कि जापान के निवासियों का रहन-सहन बहुत स्वच्छ नहीं है। सभी जगह तेल में पकती हुई मछली की दुर्गन्ध आती रहती है।" दास, गोविन्द, पृथ्वी परिक्रमा, आत्माराम एण्ड संस, प्रथम संस्करण 1954, पृष्ठ संख्या 242

43. सांकृत्यायन, राहुल, जापान, साहित्य-सेवक-संघ, छपरा, बिहार, प्रथम संस्करण 1936, पृष्ठ संख्या 235

44. "ओसाका जापान का सबसे बड़ा व्यापार-केंद्र है। नगर प्रायः टोकियो के सदृश वही का-सा जीवन। ओसाका जापान का दूसरे नम्बर का नगर है।...बहतु अधिक नहरें और पुल होने के कारण ओसाका को जापान का वेनिस कहते हैं।" दास, गोविन्द, पृथ्वी परिक्रमा, आत्माराम एण्ड संस, प्रथम संस्करण 1954, पृष्ठ संख्या 245

45. सांकृत्यायन, राहुल, जापान, साहित्य-सेवक-संघ, छपरा, बिहार, प्रथम संस्करण 1936, पृष्ठ संख्या 132

46. कालिया, ममता, जापान का तोदायजी मन्दिर, नया ज्ञानोदय, जून 2012

47. शुक्ल, प्रमोदचंद्र, गुड़ियों के देश में : जापान-यात्रा-संस्मरण, शब्दकार प्रकाशन, दिल्ली, प्रथम संस्करण 1971, पृष्ठ संख्या 16-17

48. वही, पृष्ठ संख्या 19

49. वही, पृष्ठ संख्या 19

50. वही, पृष्ठ संख्या 20

51. ऋतुपर्ण, सुरेश, संपादक, जापान के क्षितिज पर रचना का इन्द्रधनुष, गौरव प्रकाशन, प्रथम संस्करण 2012, पृष्ठ संख्या 70
52. सांकृत्यायन, राहुल, जापान, साहित्य-सेवक-संघ, छपरा, बिहार, प्रथम संस्करण 1936, पृष्ठ संख्या 49
53. "भारत में रहते, जापान के संदर्भ में, इकेबाना फूलसज्जा और बोंजाई पौधों का जिक्र बराबर सुनती रही थी। जापान आने पर देखा, यहाँ तो पूरे-के-पूरे उद्यान बोंजाई हैं, जेन बाग़ के नाम से मशहूर। और पूरा-का-पूरा, ताज़ा-खिला गुलदाउदी का पौधा इकेबाना शैली का नमूना है।" गर्ग, मृदुला, कुछ अटके, कुछ भटके, यात्रा बुक्स, प्रथम संस्करण 2006, पृष्ठ संख्या 53
54. माकिनो, साइजी, जापानी आत्मा की खोज, लेखक व प्रकाशक श्री साइजी माकिनो, शान्तिनिकेतन, प्रथम संस्करण सन् 2000, पृष्ठ संख्या 31-32
55. सांकृत्यायन, राहुल, जापान, साहित्य-सेवक-संघ, छपरा, बिहार, प्रथम संस्करण 1936, पृष्ठ संख्या 210
56. ऋतुपर्ण, सुरेश, संपादक, जापान के क्षितिज पर रचना का इन्द्रधनुष, गौरव प्रकाशन, प्रथम संस्करण 2012, पृष्ठ संख्या 70
57. सांकृत्यायन, राहुल, जापान, साहित्य-सेवक-संघ, छपरा, बिहार, प्रथम संस्करण 1936, पृष्ठ संख्या 68
58. वही, पृष्ठ संख्या 68-69
59. शुक्ल, प्रमोदचंद्र, गुड़ियों के देश में : जापान-यात्रा-संस्मरण, शब्दकार प्रकाशन, दिल्ली, प्रथम संस्करण 1971, पृष्ठ संख्या 37
60. वही, पृष्ठ संख्या 25
61. सांकृत्यायन, राहुल, जापान, साहित्य-सेवक-संघ, छपरा, बिहार, प्रथम संस्करण 1936, पृष्ठ संख्या 65
62. "हजारों नर-नारी देश और विदेश से नित्य ही फुजीयामा की अकथनीय शोभा देखने आते हैं। इसलिए फुजीयामा किमोनो के समान जापान के राष्ट्रीय प्रतीक के रूप में संसार में विख्यात है।" शुक्ल, प्रमोदचंद्र, गुड़ियों के देश में : जापान-यात्रा-संस्मरण, शब्दकार प्रकाशन, दिल्ली, प्रथम संस्करण 1971, पृष्ठ संख्या 40
63. वही, पृष्ठ संख्या 251